Escritos
FREUDIANOS

Escritos FREUDIANOS

Maria Lucia Vieira Violante

Casa do Psicólogo®
uma empresa PEARSON

Editor: *Ingo Bernd Güntert*
Coordenadora Editorial: *Marcela Roncalli*
Assistente Editorial: *Cíntia de Paula*
Produção Editorial e Capa: *Casa de Ideias*

Dados Internacionais de Catalogação na Publicação (CIP)
Angélica Ilacqua CRB-8/7057

Violante, Maria Lucia Vieira
Escritos Freudianos / Maria Lucia Vieira Violante.
– São Paulo : Casa do Psicólogo, 2014.

ISBN 978-85-8040-303-9

1. Metapsicologia 2. Psicopatologia
3. Freud, Sigmund, 1856-1939. I. Título

13-0551 CDD 150.1952

Índices para catálogo sistemático:
1. Metapsicologia

Impresso no Brasil
Printed in Brazil

Casapsi Livraria e Editora Ltda.
Avenida Francisco Matarazzo, 1500 - Conjunto 51
Edifício New York - Centro Empresarial Água Branca
Barra Funda - São Paulo/SP - CEP 05001-100
Tel. Fax: (11) 3672-1240
www.casadopsicologo.com.br

Sumário

Palavras preliminares

Escritos freudianos reúne um conjunto de ensaios inéditos sobre a metapsicologia e a psicopatologia de orientação freudiana, escritos por mim com finalidade didática, em diversos momentos, que se estendem do ano de 2004 a 2010.

Todos eles foram revisados em acordo com o objetivo deste livro, que é o de atestar a atualidade do saber psicanalítico tal como postulado por Freud, no século passado, e por psicanalistas freudianos contemporâneos.

O fio condutor, que permeia a sequência destes escritos, reside na teoria sobre o processo de constituição psíquica do sujeito e seus possíveis percalços.

Assim, na Parte I, vêm os escritos que versam sobre a metapsicologia, a saber: o trauma psíquico, o pré-Édipo, a castração, o re/encontro do objeto, as instâncias psíquicas herdeiras do complexo de Édipo.

Uma seção denominada "Entre o 'normal' e o patológico" finaliza essa parte, consistindo de três capítulos intermediários que dizem respeito:

1. ao movimento empreendido por Freud na construção de sua obra – que vai "Do patológico ao normal e do individual ao social (e vice-versa)";
2. ao que Freud se reporta quando fala no "enigma da mulher" e ao que considero ser um enigma do homem;
3. à transferência.

A Parte II contempla os textos que abordam a psicopatologia: a histeria feminina, as depressões e a melancolia, as perversões e a alienação.

Apesar de a alienação, conforme concepção de Piera Aulagnier, não pressupor uma psicopatologia pré-existente, trato aqui apenas de um tipo específico de alienação, que é aquela manifesta por meio da delinquência do sujeito pobre, que ilusoriamente almeja *ter* o que o rico possui, a fim de aplacar a vergonha de si.

Quanto às psicoses, a rigor, não posso abordá-las em nome próprio porque não possuo experiência psicanalítica com psicóticos – uma vez que, por ser psicóloga, não me sinto suficientemente instrumentalizada para atender esses sujeitos, respeitando a ética psicanalítica.

Segundo Piera Aulagnier (1975, p. 20), que era médica – psiquiatra e psicanalista –, o desinteresse pelo "enigma que constitui a psicose", por parte do psicanalista, é "incompatível com nossa profissão" – obviamente, a de psicanalista. No entanto, Aulagnier não desconhecia o fato de que muitos psicanalistas não possuem formação médica e nem que Freud, ao defender a "análise leiga" – isto é, por não médicos –, estava se referindo ao campo das neuroses. Até o final de sua vida, em 1939, Freud, que era médico e foi o criador da psicanálise, acreditava que a analisabilidade do psicótico dependia de progressos futuros no campo do saber psicanalítico. E foi isso o que Aulagnier empreendeu.

Apesar de estudiosa de sua obra, minhas reflexões acerca das psicoses restringem-se a expor como as compreendo a partir das contribuições de Aulagnier – para quem as psicoses se devem a vários acidentes de percurso, dentre os quais ela não exclui nem o fator biológico nem o da realidade histórica vivida pelo sujeito que se tornou psicótico, ao afirmar: "É certo que esta 'alguma coisa', constitucional ou não, existe, mesmo que nada possamos dizer sobre ela. [...] Mas este fator desconhecido não deve escamotear o papel efetivo de uma realidade vivida [...]" (1975, p. 221).

A autora conclui que o psicótico foi "'intoleravelmente' frustrado de uma significação" (p. 222) – a qual diz respeito às origens do sujeito, do prazer, do desprazer e do mundo. Nessa "falta" de significação, o sujeito deparou-se, em primeiro lugar, com uma "falta" no discurso materno – "falta de desejo pela criança, de desejo pelo prazer de engendrar, de uma significação que tornaria o encontro de ambos fonte de um prazer transmissível e dizível" (p. 224). Falta semelhante pode ocorrer no discurso e no desejo do pai de ter filhos ou por aquela criança, enquanto um sujeito autônomo e singular. É essa falta de significação que o pensamento delirante primário do psicótico visa a obturar.

Finalmente, chegamos ao Epílogo deste livro com o texto "Psicanálise e neurociências", que atesta a atualidade da psicanálise freudiana, no campo das neurociências, revelada também no "diálogo" empreendido pelo prefácio de Luís Carlos Menezes e minha interpretação de seu texto *As depressões: a psicanálise em questão?*[1] Na presente oportunidade, Menezes, que, ao contrário de mim tem formação médica, esclarece que a psicanálise é "um campo de saber com conceitos *sui generis*, em ruptura, inclusive, com qualquer prática puramente introspectiva".

São Paulo, abril de 2014.

---

1 In *O (im)possível diálogo psicanálise psiquiatria*. São Paulo: Via Lettera/FAPESP, 2002, p. 65-79.

Prefácio

Encontraremos nos ensaios deste livro uma psicanalista com intensa atividade acadêmica explicando seus pontos de vista sobre alguns dos grandes eixos da obra de Freud. No ponto de interseção entre os generalizáveis da academia e o pessoal, o próprio, encontraremos tanto um como outro nas opiniões da autora e em temas que lhe são visceralmente caros.

Um deles, incomum em nossa literatura, diz respeito à vergonha dos pobres e ao beco sem saída em que vão sendo psiquicamente encurralados quando há perturbações mais graves em suas famílias. As crianças e jovens dessas famílias são entregues à sociedade e a suas instituições "educativas". Quatro casos acompanhados pela autora na Fundação Casa testemunham o que ela chama de perversão das instituições, e nos leva a acompanhar o processo de destruição psíquica resultante de práticas repressivas desastrosas em nome de um projeto educativo equivocado, caucionado por laudos psicológicos e psiquiátricos, de modo geral, em sintonia com tais práticas. Essas contribuições se situam na mesma linha da sensibilidade social que a autora já mostrara em sua tese "A potencialidade melancólica", depois publicada.

Maria Lucia tem posições bem demarcadas e, de certa forma, críticas sobre determinado número de questões. Não hesita em ir à contracorrente de algumas ideias bastante difundidas nos dias de hoje. Ela nos leva a acompanhar Freud em suas incursões psicanalíticas nas várias dimensões do que chamamos de produções de natureza cultural, desde seus suportes institucionais às produções nas artes, na ciência e na linguagem. E, ainda, se rebela contra a expressão de Psicanálise Aplicada que, de fato, não é o que vemos, pelo menos no objeto central de referência deste livro, que é a obra de Freud. Freud não pede licença ao entrar num determinado campo do saber. Em *Totem e tabu*, por exemplo, faz seus empréstimos nas observações de Darwin, e de outros estudiosos da antropologia arqueológica da época, para responder à pergunta que está no centro da problemática em maturação sobre o Complexo de Édipo: a interdição do incesto. Também cria a história fantástica de um crime parricida seguido de canibalismo, que estaria na gênese da culpa como fundamento da proibição do incesto e da criminalização do assassinato entre membros da tribo. Vê, aí, a origem das religiões, do vínculo social e da moral das culturas humanas, da aventura civilizatória e do humano em cada um de nós. Foi contestado pelos especialistas desses campos, mas mostrou pouca preocupação, creio que não por leviandade intelectual, não era uma de suas características, mas por saber que aquela era uma obra que trazia avanços maiores para o pensamento psicanalítico, e isso era o que importava. O mesmo ocorreu com obras como: *Leonardo*, *Delírios e sonhos na "Gradiva" de Jensen* e *Moisés e o monoteísmo*.

O Complexo de Édipo recebe uma atenção privilegiada da autora. No que diz respeito à sexualidade feminina, ela é contrária à teoria lacaniana da inexistência de um significante do feminino, assim como da natureza atribuída à insatisfação na mulher em uma configuração histérica. Pensa a insatisfação no terreno narcísico da não aceitação de seu sexo pelos pais como uma questão identificatória, que cessa se houver sucesso e reconhecimento, restaurando sua condição desejante. É coerente com essa maneira de ver a referência privilegiada que a autora encontra em Piera Aulagnier: para Piera, a castração tem de ser pensada em estreita correlação com as posições identificatórias do sujeito em relação ao outro. A autora enriquece seus desenvolvimentos nesse ponto utilizando como recurso os livros autobiográficos de Simone de Beauvoir.

Sobre a sexualidade dos homens, desloca a expressão sobre o enigma do feminino, de Freud, para o enigma do masculino, que a intriga. Chama a atenção para as dificuldades sexuais dos homens, para o sadismo e as inibições destes em sua relação com as mulheres, para os crimes sexuais basicamente masculinos, como o estupro, e para os abusos sexuais, incluindo a pedofilia. Para ela, o repúdio do feminino nos homens é muito mais presente do que se supõe na linha clássica da dissociação da afetividade e do erótico na relação com a mulher, dissociação entre a mulher do amor e a mulher do desejo. O desejo da mulher, a mulher com suas fantasias eróticas, ainda parece representar, para o homem, um obstáculo a uma aproximação mais satisfatória na vida sexual e amorosa, dando lugar a formas mais agressivas e sádicas de relacionamento.

As perversões são objeto de interessante e extensa discussão, com uma incursão na obra do Marquês de Sade, em particular *Os 120 dias de Sodoma*, complementado com muitos elementos biográficos do autor, em que aparece cercado desde a infância por abusos sexuais de toda ordem. O artigo de Freud sobre o Fetichismo, de 1927, é uma referência importante para a autora nessa discussão.

A única, porém importante, reserva que faço a esses interessantes desenvolvimentos da autora diz respeito à sua leitura de outro texto, muito examinado por ela, *Três ensaios sobre a teoria da sexualidade*. Neste, Freud desenvolve uma teoria sobre a sexualidade humana da qual deriva sua teoria da libido, em que estabelece que ela tem uma grande plasticidade e uma grande mobilidade, tanto ao objeto da satisfação quanto ao da modalidade da satisfação. Considero essa potencialidade polimórfica perversa da sexualidade humana a descoberta maior deste livro. A palavra "perversa" não tendo aqui o sentido pejorativo que tem para os leigos e que Joyce McDougall, na epígrafe citada pela autora, espera que não tenha para os psicanalistas. O que Freud descreve como condição perverso-polimorfa da criança pequena implica uma grande, quase ilimitada, transformabilidade da libido, incluindo a via sublimatória.

Entendo que essa abertura será fecunda para pensar o desenrolar da análise, dela derivando os desdobramentos posteriores da obra de Freud, como o maior deles, em que postula uma teoria do narcisismo, uma libido voltada para o Eu e desenvolvida para pensar as condições psicóticas. Como pensar as identificações (narcísicas) e a melancolia dentro dos desenvolvimentos freudianos sem esses fundamentos? Ela é, a meu ver, a condição metapsicológica da ética da escuta do paciente no desenrolar do processo analítico, em que a organização da economia desejante e de seus impasses encontrará muito pouco espaço se esbarrar em alguma forma de moralismo por parte do analista.

Entendo que o que caracteriza uma condição perversa na nosografia freudiana é uma extrema rigidez dos rituais sexuais, em que o sujeito encontra-se acuado em um triunfo que ele sabe precário, sobre a aridez e a angústia da perda de si. É o que a analista citada pela autora, Joyce McDougall, mostra tão bem com os muitos casos clínicos dessa natureza que teve em análise. O filme *A professora de piano* é igualmente ilustrativo da fixidez inerente aos cenários perversos.

Volto aos pontos em que me vejo em sintonia com a autora, como o seu ceticismo em relação às frequentes referências, de uns dez anos para cá, entre os psicanalistas, sobre o surgimento de patologias novas, quais sejam, a depressão, a anorexia (distúrbios alimentares) e a síndrome do pânico. Como ela bem diz, desde os casos mais antigos relatados por Freud há menção de sintomas depressivos e anoréxicos. E, o que a psiquiatria atual chama da síndrome do pânico, foi descrito por Freud pela primeira vez, de forma bastante completa, em um artigo de 1895, sob o nome de *Neurose de angústia*. Desde então, esses problemas clínicos têm sido objeto de estudos na literatura psicanalítica.

E antes de concluir, vou aproveitar da possibilidade que me foi dada por Maria Lucia, para dizer a ela e ao leitor, que não discordamos em pensar que há uma radical heterogeneidade epistemológica entre o campo da psicanálise, inaugurado por Freud, e o das investigações sobre o funcionamento do cérebro. A autora acredita que penso numa continuidade possível entre os dois objetos de estudo, o do funcionamento do cérebro e o que possa emergir como fragmento de verdade para o sujeito que fala numa situação analítica. Equivocadamente menciona esta interpretação se referindo a um artigo meu em mais de uma passagem de seu livro e, mais reiteradamente, no capítulo 13, dedicado à discussão sobre as relações entre psicanálise e neurociências.

O leitor interessado poderá ler o meu texto na íntegra. O meu pecado foi ter concordado com Gérald Edelman, um neurocientista contemporâneo, por ver que ele entendeu que a fronteira entre os dois campos *é intransponível*. Ora, o mal-entendido é visível quando, poucas linhas depois de citar uma passagem minha, ela me atribui a palavra "ponte" entre os dois campos, quando estou falando de limite, de fronteira "indepassável".

Vejamos o que está escrito antes e depois das passagens citadas pela autora (as palavras do neurocientista serão postas em itálico, as minhas, mais importantes para esclarecer o mal-entendido, em negrito):

"O autor (Edelman) se propõe a construir uma teoria do funcionamento cerebral que dê conta da consciência. Para isto importa ter presente de saída o que ele chama de '*sensações*': estas são '*o conjunto de experiências pessoais ou subjetivas dos sentimentos, das impressões que acompanham o estado de consciência*'. Como estas '*se tratam na primeira pessoa*', pondera ele, seriam então inacessíveis à '*formulação de uma descrição inteiramente objetiva ou causal*'. Esta impossibilidade, *no plano da experiência individual*, embora insistentemente reafirmada por ele e que teria por consequência inviabilizar de saída a sua proposta, na verdade representa o **limite do possível para uma teoria neurobiológica**. Ou seja, estabelecer as bases biológicas da consciência não é impossível – e é a isto que ele se propõe –, o que é **impossível** é uma '*descrição objetiva ou causal*' de uma experiência singular da consciência. Ora, todas as experiências de consciência são pessoais, únicas e '*irreversíveis*' *(no tempo)* e, portanto, não reprodutíveis de forma idêntica."

Prossigo: "O leitor poderá perceber que é exatamente onde começa o '**impossível**' para a neurobiologia **como ciência positiva** que se encontram **as fronteiras do campo específico da psicanálise**. Esta não trabalha com experiências singulares, enunciadas '*na primeira pessoa*', experiência únicas, **não objetiváveis em um sistema de determinações verificáveis?** Ainda que sejam, na verdade, passíveis de uma certa objetivação conjetural por meio de construções teóricas, ditas metapsicológicas, que sustentam a prática da psicanálise – é como podem ser pensadas, comunicadas, discutidas, no interior de uma comunidade de profissionais –, não há dúvida de que estas teorias têm um estatuto epistemológico próprio em função das particularidades do campo de exploração para o qual foram construídas".

Não posso continuar transcrevendo as duas páginas que seguem nesta linha. Mencionarei, ainda, apenas uma passagem do penúltimo parágrafo de meu artigo:

"Não é de surpreender que este livro tenha sido dedicado a Freud (e Darwin). O autor parece entender, ou estar muito próximo disto, que, por operar no terreno das trocas simbólicas, do sentido e das significações (que supõem '*um destinatário interno das falas*', coisa que o autor não deixa de sublinhar), pelo fato de **seu 'objeto'** não ser fenomenizável, já que este é o **próprio sujeito da fala, a psicanálise não poderia de forma alguma ser uma ciência positiva**, mas um campo de saber com conceitos adequados a uma prática sui generis, **em ruptura**, inclusive, com qualquer prática puramente introspectiva."

Espero que esta discussão estimule o leitor a buscar o contato com o livro e com a autora, pois, como pode ver, não há nenhuma chance de ser morno.

Luís Carlos Menezes

Parte um

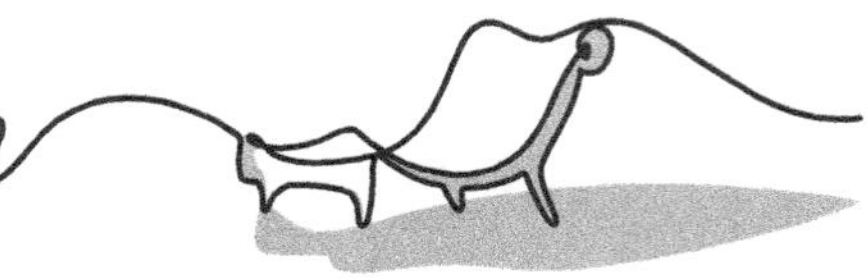

Da metapsicologia

Do encontro de um objeto

O trabalho de Freud *Três ensaios sobre a teoria da sexualidade* (1905c) compõe-se de três capítulos: I) As aberrações sexuais; II) A sexualidade infantil; e III) As transformações da puberdade. Este último abrange cinco subcapítulos: 1. O primado das zonas genitais e o pré-prazer; 2. O problema da excitação sexual; 3. A teoria da libido (que, conforme nota de rodapé do editor inglês, esta seção baseia-se grandemente no trabalho de Freud sobre o narcisismo, datando de 1915, com exceção do último parágrafo); 4. A diferenciação entre homens e mulheres; e, por fim, 5. O encontro de um objeto.

Freud inicia o capítulo "As transformações da puberdade", escrevendo que, até então, a pulsão sexual, que fora predominantemente autoerótica, "encontra um objeto sexual", surgindo um novo objetivo sexual, o qual requer a convergência da corrente afetiva e da sensual, para o sujeito aceder a uma vida sexual normal, subordinada à função reprodutora. Em 1920, Freud acrescenta que "a corrente afetiva compreende o que resta da eflorescência infantil da sexualidade" (1905c, p. 213).

No referido subcapítulo, "O encontro de um objeto", Freud inicia-o dizendo que "[...] no lado psíquico, o processo de encontrar um objeto, para o que foram feitas preparações desde a primeira infância, se completa". Em seguida, afirma:

> Numa época em que os inícios da satisfação sexual ainda estão vinculados à ingestão de alimentos, o instinto sexual tem um objeto sexual fora do corpo do próprio infante, sob a forma do seio da mãe. Somente mais tarde é que o instinto perde esse objeto, bem na época, talvez, em que a criança pode formar uma ideia total da pessoa a quem pertence o órgão que lhe está dando satisfação total. Via de regra, o instinto sexual torna-se autoerótico, e não é senão depois de atravessado o período de latência que a relação original é restaurada. Há, portanto, bons motivos para que uma criança que suga o seio da mãe se tenha tornado o protótipo de toda relação de amor. O encontro de um objeto é, na realidade, um reencontro dele (1905c, p. 213).

Em nota de rodapé acrescentada em 1915, Freud afirma:

> A psicanálise nos informa que há dois métodos de encontrar um objeto. O primeiro, descrito no texto, é o 'anaclítico' ou de 'ligação', baseado na ligação a protótipos infantis primitivos. O segundo é o narcísico, que procura o próprio ego do indivíduo e o encontra novamente em outra pessoa (1905c, pp. 228-229).

No meu entender, o texto é claríssimo: o seio é o primeiro objeto parcial perdido, quando a mãe passa a ser amada como pessoa total – constituindo o protótipo de toda relação de amor. O desejo incestuoso vai ser interditado, tanto em relação à mãe como em relação ao pai, o que vem estruturar o desejo humano e inserir o sujeito na ordem cultural, ao terminar a infância; depois, entre as organizações pré-genitais e genital infantil (fase fálica) e a genital adulta, há a fase de latência, a qual precede a puberdade. Nesta é que se instala a segunda onda na escolha do objeto, sendo que a primeira ocorreu na infância, entre os 2 ou 3 e 5 anos.

Em 1920, Freud escreve a seguinte observação em *Três ensaios sobre a teoria da sexualidade*: "Pode ser considerado típico da escolha de um objeto que o processo é bifásico" (1905c, p. 206). Isso significa que

> [...] ele ocorre em duas ondas. A primeira delas começa entre as idades de 2 [segundo nota do editor, em 1915, Freud escreve 3] e 5 anos e se interrompe ou regride durante o período de latência; é caracterizada pela natureza infantil dos objetivos sexuais. A segunda onda se instala com a puberdade [...] (1905c, p. 206).

Também data de 1920 a afirmação de Freud em *Três ensaios sobre a teoria da sexualidade*:

> Fomos, então, obrigados a reconhecer, como das descobertas mais surpreendentes, que esta primeira eflorescência da vida sexual infantil (entre as idades de 2 e 5 anos) já dá origem à escolha de um objeto, com toda a riqueza de atividades mentais que tal processo envolve (1905c, p. 241).

O citado trecho do texto de Freud de 1905, quando ele escreve que "O encontro de um objeto é, na realidade, um reencontro dele", é assim interpretado lacanianamente por Diana Rabinovich, que entende que Freud "alude de maneira explícita ao objeto perdido do desejo, objeto deduzido da satisfação da necessidade alimentar, e condição de possibilidade do objeto em seu funcionamento nas duas séries já definidas [...]", a saber, a série pulsional e a da escolha de objeto, conforme propostas por ela (1990, p. 22).

Segundo Rabinovich, Lacan enfatiza o "objeto perdido", desde o Discurso de Roma, e dá uma interpretação à perda do objeto, que é uma interpretação estrutural, apoiada na leitura de Kojève de Hegel, em certos desenvolvimentos teóricos de Heidegger; sua consequência é uma nova definição, fundante em seus efeitos, da relação entre o objeto e sua perda (Rabinovich, 1990, pp. 11-19).

A autora inicia o capítulo dedicado a Lacan, "As três formas da falta de objeto", escrevendo:

> O seminário acerca da relação de objeto é inaugurado com uma afirmação taxativa: o objeto em psicanálise deve se caracterizar como a falta de objeto [...] A falta de objeto, pois, é o nome que Lacan dará ao objeto perdido do desejo freudiano, enquanto condição de possibilidade das outras duas séries (Rabinovich, 1990, p. 117).

Assim, no meu entender, na puberdade, o objeto de escolha a ser "reencontrado" não é nem o seio materno nem a mãe ou o pai, e, muito menos, é a "Coisa", ou seja, no dizer de Rabinovich, o "Outro inesquecível que [...] permite o surgimento do objeto do desejo [...]" (1990, p. 117). Antes, se o sujeito renunciou ao desejo incestuoso pelos pais e assumiu a castração simbólica, seu objeto de escolha – anaclítica e/ou narcísica – será alguém com alguns dos atributos dos pais e/ou representantes, que se mantêm investidos.

Esse meu entendimento é respaldado pela ata da reunião da Sociedade Psicanalítica de Viena, de 8 de abril de 1914, cujo tema discutido foi "O complexo de Édipo infantil". Nela, referindo-se à "natureza do amor de objeto", Freud afirma: "É neste sentido que o complexo de Édipo, que assegura a escolha de amor normal, se torna um fundamento da sociedade" (1914/1983, p. 291, tradução da autora).

Isso posto, voltemos à questão da "Coisa" (de Lacan), na Seção 16 da Parte I do *Projeto para uma psicologia científica* (1895/1950), quando Freud faz referência à "coisa".

Mas, antes disso, na Seção 11, intitulada "A experiência de satisfação", Freud postula que tal vivência do bebê, graças à intervenção de uma "assistência alheia", instaura o desejo. Sem definir o que é desejo, Freud termina essa seção, dizendo: "É provável que a imagem mnêmica do objeto seja a primeira a ser afetada pela *ativação de desejo*" (1895/1950, pp. 422-424).

No capítulo 7 de *A interpretação dos sonhos* (1900), Freud concebe o desejo como o "impulso psíquico que procurará recatexiar a imagem mnemônica da percepção e reevocar a própria percepção, isto é, **restabelecer a situação da satisfação original**. Um impulso desta espécie é o que chamamos de desejo: o reaparecimento da percepção é a realização do desejo [...]" (1900, pp. 602-603, grifos meus).

Voltando ao *Projeto para uma psicologia científica* (1895/1950), na referida Seção 16, intitulada "Cognição e pensamento reprodutivo", Freud aborda as funções psiconeurológicas do juízo e do complexo perceptivo – cuja parte constante é a "coisa" (neurônio *a*) e a inconstante é seu atributo ou predicado (neurônio *b*). Afirma que "*juízo* é um processo[1] que só se torna possível, graças à inibição exercida pelo ego e que é evocado pela dissemelhança entre a *catexia de desejo* de uma lembrança e uma catexia perceptiva que lhe seja semelhante" (1895/1950, p. 434).

Ao comentar esta seção, em *A negativa* (1925), o editor inglês afirma, em nota de rodapé, que: "Aqui, o 'objeto' a ser encontrado é o seio da mãe" (Freud, 1925b, p. 298). Alude ainda ao fato de que essa mesma frase de Freud encontra-se na Seção 5 de *Três ensaios sobre a teoria da sexualidade* (1905c).

Antes de abordar esse texto de 1925, vejamos a Seção 17 do *Projeto para uma psicologia científica* (1895/1950),

[1] É um "sistema de neurônios impermeáveis" – dotados de resistência e retentivos de Qn, ou seja, de "quantidade (da ordem de importância intercelular)", sendo responsáveis pela memória e processos psíquicos em geral (1895/1950, p. 394).

intitulada "Memória e juízo", na qual Freud introduz a noção do "complexo do ser humano semelhante" – "objeto semelhante", que foi, ao mesmo tempo, "o primeiro objeto satisfatório [do sujeito], seu primeiro objeto hostil e também sua única força auxiliar". Em seguida, Freud afirma que tal "complexo" se divide em duas partes,

> [...] das quais uma dá impressão de ser uma estrutura que persiste coerente como uma coisa, enquanto que a outra pode ser compreendida por meio da atividade da memória – isto é, pode ser reduzida a uma informação sobre o próprio corpo [do sujeito]. Essa dissecação de um complexo perceptivo se chama (re)conhecê-lo; implica num juízo e chega a seu término uma vez atingido esse último fim (Freud, 1895/1950, p. 438).

Em *A negativa* (1925b), Freud diz: "A negativa constitui um modo de tomar conhecimento do que está reprimido; com efeito, já é uma suspensão da repressão, embora não, naturalmente, uma aceitação do que está reprimido. Podemos ver como, aqui, a função intelectual está separada do processo afetivo [...] Um juízo negativo é o substituto intelectual da repressão [...] (pp. 296-297).

Adiante, Freud afirma que "o objetivo primeiro e imediato do teste de realidade não é *encontrar* na percepção real um objeto que corresponda ao representado, mas *reencontrar* tal objeto, convencer-se que ele está lá". Antes de chegar a essa conclusão, Freud diferencia o que é irreal:

> Meramente uma representação e subjetivo, é apenas interno; o que é real está também lá fora. A experiência demonstrou ao indivíduo que não só é importante uma coisa (um objeto de satisfação para ele) possuir o atributo 'bom', assim merecendo ser integrada ao seu ego, mas também que ela esteja no mundo externo, de modo a que ele possa se apossar dela sempre que

> dela necessitar. A fim de entender esse passo à frente, temos de relembrar que todas as representações se originam de percepções e são repetições dessas (1925b, p. 298).

Sendo assim, "[...] uma precondição para o estabelecimento do teste de realidade consiste em que objetos, que outrora trouxeram satisfação real, tenham sido perdidos" (Freud, 1925b, p. 299).

Ora, considero que a noção de vivência de satisfação enquanto instauradora do desejo, que Freud introduz em *Projeto para uma psicologia científica* (1895/1950), reiterando-a, no capítulo VII de *A interpretação dos sonhos* (1900), difere da noção de "teste de realidade", referida em *A negativa* (1925b). Por isso, de acordo com o parecer de Rabinovich (1990), entendo que o "objeto" do desejo não é o mesmo objeto da pulsão parcial – seio materno –, a ser perdido, segundo Freud, a fim de ceder lugar ao objeto do amor infantil – a mãe e/ou o pai e/ou representantes – a ser "reencontrado" na puberdade (1905c). E mais, penso que só quando o Eu já se constituiu é que o objeto do amor infantil é passível de submeter-se ao "teste de realidade", conforme o texto de 1925b.

Em um de seus derradeiros trabalhos – *Esboço de psicanálise* (1940) –, Freud nos relembra de que:

> O primeiro objeto erótico de uma criança é o seio da mãe que a alimenta; a origem do amor está ligada à necessidade satisfeita de nutrição. Não há dúvida de que, inicialmente, a criança não distingue entre o seio e o seu próprio corpo; quando o seio tem que ser separado do corpo e deslocado para o *exterior* porque a criança tão frequentemente o encontra ausente, ela carrega consigo, como um *objeto*, uma parte das catexias libidinais narcísicas originais. Este primeiro objeto é depois completado na pessoa da mãe da criança [...] (pp. 216-217).

A "coisa" (*das Ding*), a que Freud se refere, parece ter sido alçada por Lacan ao *status* de um conceito – a coisa, concebida como "objeto perdido", um "objeto absoluto inatingível", no dizer de M. Andrès, o "polo secreto do desejo do homem, [...] sinônimo do objeto perdido", segundo Hiltenbrand (como citado em Mijolla, 2005, p. 359).

Note-se que o verbete "*das Ding*" não figura no dicionário de Luis Hanns e o verbete "coisa" não figura nos dicionários de Chemama, nem no de Laplanche e Pontalis, nem no de Roudinesco e Plon. Marca sua presença apenas no *Dicionário enciclopédico de psicanálise – o legado de Freud a Lacan*, editado por Pierre Kaufmann (1995), e no *Dicionário internacional da psicanálise*, sob direção geral de Alain de Mijolla (2005).

Antes de buscar esclarecimento nos referidos dicionários, vejamos os dois capítulos intitulados "*Das Ding*", do livro de Jacques Lacan (1960/1959), *O Seminário, Livro 7. A ética da psicanálise*. Assim, Lacan se reporta à "Coisa", parecendo tomar como referência o citado texto de Freud (1925b): "Esse *das Ding* não está na relação [...] que faz o homem colocar em questão suas palavras como referindo-se às coisas que, no entanto, elas criaram. Há outra coisa em *das Ding*. O que há em *das Ding* é o verdadeiro segredo" (p. 61).

E mais: "Esse objeto estará aí quando todas as condições forem preenchidas, no final das contas – evidentemente, é claro que o que se trata de encontrar não pode ser reencontrado. É por sua natureza que o objeto é perdido como tal. Jamais será reencontrado" (Lacan, 1960/1959, p. 61). Adiante, o autor afirma que se trata de reencontrar o objeto *das Ding*, "enquanto o Outro absoluto do sujeito [...] Reencontramo-lo no máximo como saudade" (p. 69).

Ainda referindo-se ao *das Ding* ou à "Coisa", Lacan afirma: "[...] esse objeto, pois trata-se de o reencontrar, nós o qualificamos igualmente de objeto perdido. Mas esse objeto, em suma, nunca foi perdido, apesar de tratar-se essencialmente de reencontrá-lo" (1960/1959, p. 76).

No verbete "Coisa", constante do dicionário editado por Kaufmann, M. Andrès afirma que "a Coisa aparece para o discurso analítico como um 'objeto absoluto' inatingível". Dizendo ainda que, no aqui citado *Seminário 7*:

> Lacan articulará então a Coisa com o princípio de prazer: "*Das Ding* é o que – no início da organização do mundo no psiquismo [...] – se apresenta e se isola como o *termo estranho* [...]". Essa estranheza da Coisa engendra a tendência a reencontrar, mas dirá Lacan, esse objeto "perdido" nunca esteve perdido mesmo que se trate de reencontrá-lo. Essa posição remete ao impensável da origem, daquela do significante e, portanto, da impossibilidade do gozo para se dizer; a Coisa funda "a orientação do sujeito humano para o objeto" e esse objeto 'lhe dá sua lei invisível, mas não é ele, por outro lado, que fixa seus trajetos [...] É o princípio de prazer que a submete a não encontrar, no fim das contas, mais que a satisfação da *Not des Lebens* (Kaufmann, 1993, pp. 84-85).

No verbete "a Coisa", constante do dicionário dirigido por Alain de Mijolla, Jean-Paul Hiltenbrand afirma: "A Coisa representa no aparelho psíquico o polo secreto do desejo do homem: o núcleo do prazer-desprazer [...]. A Coisa, sinônimo do objeto perdido, dá a razão do desejo e subsiste como marca de nostalgia de possíveis reuniões" (2005, p. 359).

Concluo que, na obra freudiana, nem "objeto perdido" nem a "Coisa" são conceitos. Lacan, sim, tem uma "teoria da falta de objeto" (1957/1995b) – a ela dedicando os cinco primeiros capítulos do seminário "A relação de objeto".

Note-se que em nenhum dos dicionários referidos, "falta" e "incompletude" figuram como conceitos; no verbete "desejo", diz-se que Lacan o entende como "falta de objeto".

Por tudo isso, entendo que, em *Três ensaios sobre a teoria da sexualidade* (1905c), ao abordar o (re)encontro do objeto na puberdade, Freud está se referindo a um objeto de escolha amorosa – escolha de tipo anaclítico e/ou narcísico – substituto dos objetos edipianos, aos quais o sujeito teve que renunciar, e não a um suposto objeto perdido após a vivência de satisfação. Se fosse assim, o complexo de Édipo e o de castração seriam inúteis na estruturação psicossexual do sujeito e em sua inserção na cultura.

A teoria de Lacan possui uma outra lógica, ao enfatizar, entre outras noções, as de objeto perdido, de falta de objeto, de objeto *a*, enquanto causa do desejo etc.

Freud tem uma obra edificada por escrito, durante 46 anos (de 1892 a 1938). Lacan tem outra, transmitida sobretudo oralmente, durante 35 anos (de 1945 a 1980). Sabe-se que o texto sobre "O estádio do espelho...", exposto pela primeira vez, em 1936, no congresso de Marienbad, ficou perdido, só reaparecendo em 1949, no congresso de Zurique.

O que é "pré-Édipo"?

"O pré-Édipo é uma noção teoricamente insustentável."
André Green

Setenta e cinco anos nos separam dos últimos trabalhos de Freud de 1938, como é o caso do Esboço de Psicanálise, escrito em 1938 e publicado postumamente, em 1940.

Assim sendo, é mais do que tempo de ressignificarmos algumas noções freudianas à luz da própria teoria legada por Freud e continuada pelas contribuições de psicanalistas freudianos contemporâneos, como é o caso de Piera Aulagnier, assim como de não freudianos, como é o caso de Melanie Klein e de Lacan.

Pois bem, na obra de Freud, lemos que o complexo de Édipo ocorre entre os 2/3 e os 5 anos de idade. Lemos também que, até antes de Freud publicar, em 1923, *A organização genital infantil: uma interpolação na teoria da sexualidade* (1923a), ele falava numa simetria entre o complexo de Édipo masculino e o feminino – sendo este último deduzido a partir do primeiro, que se lhe apresentava mais claro, com justa razão: Freud era homem e, tendo iniciado sua autoanálise no verão de 1897, teria dito a Ernest Jones que "jamais parou de analisar-se" (Jones, 1989, p. 330).

Em outro lugar, exponho os desenvolvimentos da teoria freudiana acerca da especificidade do complexo de Édipo feminino – de 1923 a 1932-1933 (Violante, 2004). Resumidamente, conforme já referido, até antes de 1923, Freud considerava que o complexo de Édipo masculino lhe era mais claro do que o feminino, embora postulasse que eram simétricos, *mutatis mutandis*.

Em *A organização genital infantil: uma interpolação na teoria da sexualidade* (1923a), Freud não fala mais em simetria, mas considera que o complexo de Édipo masculino e o feminino possuem como denominador comum a fase fálica – de primazia do falo –, isto é, a fase da organização genital infantil. Contudo, admite: "Infelizmente, podemos descrever esse estado de coisas apenas no ponto em que afeta a criança do sexo masculino; os processos correspondentes na menina não conhecemos" (p. 180).

Passado um ano, apesar de reafirmar as mesmas obscuridades e lacunas, Freud atribui simplicidade ao complexo de Édipo feminino, afirmando que "o complexo de Édipo da menina é muito mais simples que o do pequeno portador de pênis" (1924a, p. 223).

Mais um ano se passa e aquela suposta simplicidade volta a se turvar, quando em *Algumas consequências psíquicas da distinção anatômica entre os sexos* (1925a), Freud articula entre si o complexo de Édipo e o complexo de castração e ambos, à fase fálica, estabelecendo definitivamente, a distinção entre o processo pelo qual passam o menino e a menina. Pondera que, na menina, o complexo de Édipo é uma formação secundária, pois tem "uma longa pré-história", confessando que, no caso do menino, ele está "longe da clareza completa" (1925a, pp. 311-313).

Cinco anos mais tarde, Freud vem aprofundar suas reflexões no sentido de melhor compreender a especificidade do complexo de Édipo feminino, nos trabalhos *Sexualidade feminina* (1931) e *Feminilidade* (1933a). É no primeiro que introduz a noção de "fase pré-edipiana", considerando-a a fase na qual domina o complexo de Édipo negativo, noção esta que ele reitera em 1932-1933 e, depois, em *Esboço de psicanálise* (1940).

A noção de complexo de Édipo completo – tanto no caso do menino como no da menina –, que figura em *O ego e o id* (1923c), é mais uma razão para podermos considerar que essa chamada "fase pré-edípica", no caso da constituição psicossexual da menina, nada mais é do que uma fase dominada pelo complexo de Édipo negativo, enquanto, no caso do menino, poder-se-ia dizer que é positiva a primeira fase de seu complexo de Édipo.[1]

Por que esse "poder-se-ia dizer" no condicional?

Porque o certo é que tanto a menina quanto o menino dirijam primeiro seu desejo incestuoso à mãe fálica, à qual deverão renunciar. Portanto, não é verdade que só a menina troca de objeto de escolha no percurso de sua história edipiana, pois ambos – menina e menino – devem renunciar à fantasia acerca da mãe fálica (o que o perverso não consegue) e ao desejo que lhe endereçam.

Assim sendo, relevando-se toda a engenhosidade desse processo, o complexo de Édipo não pode se iniciar só aos 2/3 anos de idade, quando a criança, teoricamente, ingressa na fase fálica.

Façamos um breve retorno ao próprio Freud. Quando ainda sustentava sua teoria traumática das neuroses (de 1892 a 1897) – segundo a qual uma sedução sexual real estaria na etiologia das neuroses –, em carta a Fliess de 11 de janeiro de 1897, ele postula que, no caso da psicose, a "agressão sexual"

1 O uso do termo "fase" não deve ser entendido como algo estanque com uma duração de tempo quantificável, mas dentro do dinamismo com que deve ser compreendido esse complexo nuclear da constituição do sujeito psíquico, que é o complexo de Édipo/complexo de castração.

ocorre antes que "o aparelho psíquico esteja concluído em sua forma primária (antes da idade de um ano e um quarto a um ano e meio)" (Masson, 1986, pp. 222-223).

No dia 24 deste mesmo mês de janeiro de 1897, Freud escreve: "O período primário, anterior a um ano e meio, tem-se tornado cada vez mais significativo" (Masson, 1986, p. 227).

Em carta de 6 de abril daquele ano de 1897, Freud introduz "um novo elemento da produção do inconsciente", referindo-se às "fantasias histéricas", que provêm de "coisas que as crianças entreouvem em idade precoce [a partir dos 6 a 7 meses!] e só compreendem numa ocasião posterior" (Masson, 1986, p. 235).

No meu entender, Freud está intuindo a cena primária – a qual, segundo Piera Aulagnier, conforme veremos adiante, é o protótipo do Édipo no primário (inconsciente), sendo o núcleo de toda a organização fantasmática.

Mas, antes disso, Freud (1895/1950) coloca o desejo na gênese do sujeito psíquico – desejo que é instaurado pela vivência de satisfação (alimentar e libidinal) –, o que ele reitera em 1900.[2]

Em seguida, em 1905, depois de afirmar que "não parece haver dúvida de que os germes dos impulsos sexuais já estão presentes no recém-nascido [...]" (1905c, p. 181), Freud postula que a libido – enquanto manifestação psíquica da pulsão sexual – é despertada no bebê, graças aos cuidados e investimento libidinal maternos. Entende-se por cuidados maternos não só a função alimentícia da mãe, mas também, e sobretudo, o seu "dever de ensinar o filho a amar", uma vez que, ao cuidar da criança, a mãe "olha-a ela mesma com sentimentos que se originam de sua própria vida sexual: ela a acaricia,

---

[2] Q. v. *Projeto para uma psicologia científica* (1895/1950) e capítulo VII de *A interpretação dos sonhos* (1900).

beija-a e muito claramente a trata como um substitutivo de um objeto sexual completo" (1905c, pp. 229-230).

Desde 1905 até o final de sua obra, Freud esclarece que a concepção psicanalítica da sexualidade humana, longe de seu sentido vulgar, não se restringe à genitalidade nem à finalidade procriativa. Isso é o que ele busca demonstrar ao tratar da sexualidade infantil e das perversões em *Três ensaios sobre a teoria da sexualidade* (1905c), onde coloca em relevo "o papel desempenhado pelo fator da sexualidade sobre a vida psíquica normal e patológica" (p. 133).

Ainda, é o que lhe permite afirmar, em 1922-1923, que é necessário remontar o início da função sexual nas crianças "quase que ao começo da existência extrauterina" (1923b, p. 296). E mais, após a descoberta da existência de uma pulsão de morte, em 1920, Freud é levado a ampliar sua teoria em 1924, dizendo que, desde o início da vida psíquica, "a libido tem a missão de tornar inócua a pulsão destrutiva e realiza isso desviando essa pulsão, em grande parte, para fora [...]" (1924b, p. 204).

Dez anos antes, em 1914, Freud postula que o ego não existe desde o início como uma unidade, tendo que se desenvolver, e que o narcisismo é a primeira forma pela qual o ego se constitui como ego ideal, graças aos pais do bebê que, ao reviverem seu próprio narcisismo, alçam o bebê ao *status* de "Sua Majestade" (1914/1983).

Freud não precisa essa data, mas tudo leva a crer que não é no nascimento, mas, sim, no decorrer do processo de constituição do ego – que, inicialmente, é um ego ideal.

De um lado, temos que, com sua teoria do estádio do espelho, Lacan vem precisar essa data, a qual ele considera ser o momento narcísico fundamental, quando surge o ego ideal: entre os seis e os dezoito meses de vida do bebê. No final desse estádio, tem início o primeiro tempo do complexo de Édipo, no qual a criança se identifica com o suposto falo materno.

A psicanalista freudiana Piera Aulagnier, que recebeu influências de Lacan, quando de seu "retorno a Freud", conserva a teoria do estádio do espelho na compreensão do momento do advento do Eu, quando este se identifica com a resposta ao desejo materno.

De outro lado, sabemos que, para Melanie Klein, o ego existe desde o início, embora não esteja integrado. E mais, ela postula um complexo de Édipo precoce, tanto no caso da menina quanto no do menino.

Claude Le Guen concebe o Édipo como um "processo fundador do sujeito", cujo início se encontra "desde o instante em que o ego se diferencia" (1974/1976, pp. 23-24)

Como esses referidos psicanalistas franceses, entendo que a primeira fase do complexo de Édipo (do menino e da menina) inicia-se em seguida à constituição do Eu, no estádio do espelho, que ocorre entre os seis e os dezoito meses de vida do bebê/criança. É quando se dá, como diz Clément, "o ato fundador da subjetividade" (1983, p. 66). Nas palavras de Hornstein, "[...] não há um ser anterior ao Édipo" (1983, p. 125).

Antes de o Eu advir, segundo Aulagnier (1975/1979), o funcionamento psíquico dá-se por meio, primeiro, do processo originário, e logo depois, também do processo primário. No nível do primário, que é o inconsciente, o complexo de Édipo tem seu precursor, assim como o têm a realidade, o Eu e a castração. A cena primária é o protótipo do Édipo no primário. Em outras palavras, no primário, o precursor do complexo de Édipo é constituído pelos resquícios do Édipo parental, acrescidos da triangulação da fantasia que mostra um "'outro espaço', ocupado por um 'x', que designa o objeto enigmático do desejo da mãe" (pp. 78-79). Conforme postula a autora, a essa figuração cênica "acrescenta-se a qualidade 'edipiana' do que se passa na cena exterior, qualidade que a psique infantil começa a perceber" (pp. 78-79). Esse "outro-sem-seio", que geralmente se encontra perto da mãe, e a quem ela se liga por uma "relação privilegiada", é o responsável, na maioria das vezes, pela ruptura da díade mãe--filho(a). Só por meio do choro é que a criança manifesta sua contrariedade e, em relação ao qual

> [...] o pai pode intervir, com palavras ou gritos, mas pode também oferecer à criança, mesmo se menos frequentemente, um *prazer corporal*: acariciando-a, fazendo ressoar nos seus ouvidos uma sequência fonemática, cuja tonalidade a transforma numa canção de ninar, cuja voz materna não é mais a única emissora (1975/1979, pp. 78-79, em itálico no original).

Ainda que possa ser perturbadora, a presença do pai pode tornar-se desejada.

Aulagnier chama-nos a atenção para o fato relativo à precocidade da entrada em cena do "desejo do pai" pela criança e a importância que tal desejo desempenha na constituição psíquica do sujeito, assim como o desejo que une o casal parental entre si. De acordo com a autora:

> Desde o momento em que a atividade primária estabelece um sistema, que faz comunicar seu espaço psíquico com o espaço psíquico materno, o olhar contempla uma cena na qual todo acontecimento afetivo traz a marca do Édipo; acrescentamos que esta marca vai se manifestar pelo que *deve se manter reprimido* (1975/1979, p. 80, em itálico no original) — ou seja, o Édipo de cada membro do casal parental.

Confrontado à obra do secundário e ao discurso dos outros, o processo primário, que é responsável pela representação do vivido na psique por meio de fantasias ou representações fantasmáticas, vai sofrer uma série de modificações, "que fazem com que em seu próprio espaço tomem forma os protótipos do secundário, ao mesmo tempo que sua finalidade exige que ele resista à ação deste último" (1975/1979, p. 80).

Se, num primeiro momento, é do lado da mãe que o bebê procura e encontra as razões da existência do pai, num segundo momento,

> é este "outro espaço", desejado pela mãe, o que representa o pai na cena, e é este desejo que lhe confere seu poder, se bem que, [nesta] segunda fase, é porque o pai deseja a mãe e se apresenta como o agente do gozo e de sua legitimidade, que ele ocupa o lugar daquele que tem o direito de decretar o que o filho pode oferecer à mãe como prazer e o que lhe é interditado propor. Por esta dupla razão, o pai vai se apresentar à criança, conjuntamente, como o objeto a seduzir e o objeto do ódio (Aulagnier, 1975/1979, pp. 139-140).

E isso acontece tanto da parte do menino como da menina. Tal como Freud, Aulagnier concebe o complexo de Édipo completo, isto é, positivo e negativo, no caso do menino e da menina; mas ela antecipa seu início para o espaço de tempo no qual o Eu já se constituiu, conforme dito anteriormente. Sua grande contribuição ao legado freudiano é relevar o modo como os pais resolveram o próprio Édipo, do que decorre o acesso ou não ao desejo de ter filhos e, em particular, ao desejo por *esta* criança – tanto da parte da mãe quanto da do pai. Na análise de psicóticos, Aulagnier constata o poder psicotizante exercido pelo "micromeio" familiar – decorra este da mãe e/ou do pai.

Isso posto, não é possível continuar afirmando que o complexo de Édipo ocorre dos 2/3 aos 5 anos, porque assim Freud postulou. Antes, é necessário entender essa fase, que nada mais é do que a fase fálica – de primazia do falo (e não do pênis) –, como aquela na qual o complexo de Édipo atinge seu ponto culminante, ao se articular com o complexo de castração, pondo fim ao complexo de Édipo completo do menino e introduzindo a menina no complexo de Édipo positivo.

Da resolução deste verdadeiro complexo dependem: a desidealização do ego (até então, ideal), a constituição do superego e do ideal do ego – por Aulagnier denominado projeto identificatório –, instâncias psíquicas que, ao lado do id, estarão mais ou menos em sintonia com o ego e este com a realidade.

Assim sendo, de acordo com a teoria psicanalítica, todo sujeito humano chega ao complexo de Édipo. O problema está em como resolvê-lo, resolução da qual depende o destino psíquico – normal ou patológico – do sujeito.

Por tudo isso é que destaquei na epígrafe deste texto as valiosas palavras de André Green, para quem "O pré-Édipo é uma noção teoricamente insustentável" (2004, pp. 13-38).

A propósito do trauma psíquico

Tudo indica que foi no final de 1892 que, pela primeira vez, Freud levantou a hipótese segundo a qual, dentre os fatores etiológicos das neuroses, encontravam-se "traumas sexuais antes da idade de compreender", conforme consta do Rascunho A, que dá início aos "Extratos dos documentos dirigidos a Fliess" (Freud, 1950 [1892-1899], pp. 245-247).[1]

Reiterada em seguida, no Rascunho B, de 8 de fevereiro de 1893, tal hipótese torna-se a conhecida "teoria traumática das neuroses", denomida "*neurotica*" por Freud.

Essa é a teoria que Freud abandona em 1897, quando, na Carta 69 dirigida a Fliess, em 21 de setembro, ele afirma: "Não acredito mais em minha *neurotica* [teoria das neuroses]" (p. 350, entre colchetes no original).

Porém, nesse ínterim, na parte II do *Projeto para uma psicologia científica* (1895/1950), a qual é dedicada à psicopa-

---

1 Segundo nota do editor inglês James Strachey, esse rascunho está sem data, mas os organizadores dos *Anfänge*, n. 74, sugerem que ele foi escrito no final de 1892. Freud, Sigmund (1950[1892-1899]). Rascunho A dos "Extratos dos documentos dirigidos a Fliess".

tologia, especificamente no capítulo "Condições determinantes", Freud reafirma a etiologia sexual da histeria, como sendo decorrente de um "atentado", que ocasiona um trauma, mas de "ação retardada" (p. 468). Isso significa que não é o "atentado" em si a causa da histeria, mas, sim, a lembrança do evento traumático – o que já pressupõe a noção de posterioridade e a concepção de psicopatologia, que Freud vai desenvolver como consistindo em pontos de fixação e regressão. Futuramente, Freud não abandona essa visão da psicopatologia, mas a torna mais complexa, em termos de conflito psíquico pulsional e entre instâncias psíquicas, após considerar o complexo de Édipo/complexo de castração o complexo nuclear da constituição psíquica – normal e patológica – do sujeito.

Mas, muito antes disso, quando Freud ainda estava com Breuer, eles concebiam o trauma como estando na ordem de uma "impossibilidade de ab-reação" (1892/1940-41, p. 212). Ambos os autores escrevem, em 1892, *Esboços para a "comunicação preliminar"* de 1893, que só foram publicados postumamente, em 1940-41. Freud e Breuer consideravam que "a lembrança que forma o conteúdo de um ataque histérico não é uma lembrança qualquer; é o retorno do evento que causa a irrupção da histeria – o trauma psíquico" (1892/1940-41, p. 214).

Ainda, em *Prefácio e notas de rodapé à tradução de Leçons du Mardi, de Charcot* (1894), Freud considera que o conteúdo da lembrança geralmente é ou um "trauma psíquico" que, por sua intensidade, pode provocar a irrupção da histeria, ou um evento que se tornou um "trauma" (p. 196), devido à sua ocorrência num dado momento da vida do sujeito.

Somente em 1896, quando escreve *Novos comentários sobre as neuropsicoses de defesa*, é que Freud vem esclarecer em que consiste esse referido "atentado" ou "trauma sexual" – que de sedução não tem nada, pois não passa de um abuso sexual –, enquanto fator etiológico da histeria, o qual ocorreria na mais tenra infância da criança: trata-se da "irritação real dos genitais (por processos semelhantes à copulação)" (1896a, p. 188).

Nesse mesmo ano de 1896, Freud reitera os mesmos pontos de vista em *A etiologia da histeria*.

Nos dois referidos trabalhos de 1896, Freud introduz uma nota de rodapé, já em 1924, aos quais retornarei em breve, pois, antes, devo assinalar que Freud iniciou sua autoanálise no verão de 1897, antes da citada Carta 69 a Fliess, de 21 de setembro de 1897, lá revelando o abandono de sua *neurotica*, ou seja, de sua "teoria traumática das neuroses" – em prol do que veio a conceber como complexo de Édipo e o lugar que este, articulado ao complexo de castração, ocupará na constituição psíquica do sujeito.

Meu ponto de vista é corroborado pelo de Masson (1986) – ao intitular a famosa carta de *A teoria transformada* – e pelo do editor inglês James Strachey, que, em Nota do Editor, ao introduzir *A sexualidade na etiologia das neuroses* (1898), escreve que a autoanálise de Freud o teria conduzido a algumas descobertas fundamentais: "o abandono da teoria traumática das neuroses (21/9, Carta 69), a descoberta do complexo de Édipo (15/10, Carta 71) e o reconhecimento gradual da sexualidade infantil como um fato normal e universal (14/11, Carta 75)" (1898, p. 288).

Note-se que o abandono por Freud de sua "teoria traumática das neuroses", em 1897, deve-se à sua descoberta de afetos – em si mesmo, a partir da autoanálise, e por meio da análise de seus pacientes – relativos ao que veio a conceituar como complexo de Édipo, quando afirma na referida carta a Fliess de 15 de outubro de 1897: "Descobri também em meu próprio caso me apaixonar por mamãe e ter ciúme de papai, e agora considero um acontecimento universal do fim da infância [...] Se assim for, podemos entender o poder de atração de *Oedipus Rex* [...]" (Masson, 1986, p. 273).

Quanto às notas de rodapé acrescentadas em 1924 aos referidos trabalhos de 1896, elas dizem respeito às revisões inevitáveis que Freud procedeu àquela "teoria traumática das neuroses" (1892-1897).

Na nota acrescentada a *Novos comentários sobre as neuropsicoses de defesa*, Freud afirma:

> Esta seção é dominada por um erro que desde então tenho por várias vezes reconhecido e corrigido. Àquela época [1896], eu não podia ainda distinguir entre as fantasias de meus pacientes sobre sua infância e suas recordações reais. Em consequência, atribui ao fator etiológico da sedução uma importância e universalidade que ele não possui. Quando este erro foi superado, tornou-se possível obter uma compreensão interna (*insight*) das manifestações espontâneas da sexualidade nas crianças [...] Entretanto, não é necessário que rejeitemos tudo que está escrito no texto acima. A sedução retém uma certa importância etiológica, e mesmo hoje considero alguns desses comentários psicológicos adequados (1896a, p. 193).

Na nota de rodapé acrescentada em *A etiologia da histeria*, Freud afirma: "Tudo isso é verdade, mas deve-se lembrar que, no momento em que escrevi isso [1896], não me libertara ainda de minha supervalorização da realidade e subvalorização da fantasia" (1896b, p. 231).

Note-se que a autocrítica de Freud refere-se claramente à "supervalorização" da realidade – e não à sua valorização, o que é muito explícito na obra freudiana –, bem como à "subvalorização" da fantasia – pois, em 1896, Freud ainda não havia chegado à noção de realização de desejo pela fantasia, tanto quanto pelo sonho e pelos sintomas, ainda que disso parecesse suspeitar.

Em 1931, a respeito da valorização da realidade da sedução (que, a meu ver, mais parece um abuso sexual do que uma sedução propriamente dita), Freud escreve, em *Sexualidade feminina*:

> A sedução real também é bastante comum: é iniciada quer por outras crianças, quer por alguém encarregado da criança que deseja acalmá-la, pô-la para dormir ou torná-la dependente dele. Onde intervém, a sedução invariavelmente perturba o curso natural dos processos de desenvolvimento e com frequência deixa atrás de si consequências amplas e duradouras (1931, p. 267).

Note-se que, neste trabalho de 1931, Freud reitera sua concepção acerca da nocividade da sedução real, mas sem recolocá-la na psicogênese das neuroses e, nem mesmo, emprega a palavra "trauma". No final do presente texto, registrarei uma síntese da concepção freudiana de "trauma" – que se estende dos primórdios da psicanálise até meados dos anos 1920, sem sofrer alterações significativas nos anos 1930.

Naquele início do século XX, ao analisar Dora, em 1901 – cujo caso foi publicado somente em 1905 –, Freud concebe o "trauma psíquico" como conflito entre afetos, o qual decorre de um distúrbio na esfera da sexualidade, do conflito, participando o desejo e a censura, seguida pelo recalque. Naquela época, Freud acreditava que o recalque da sexualidade gerava a ansiedade, e não ao contrário, como mais tarde postulou em *Inibições, sintomas e ansiedade* (1926b).

Voltando aos primórdios da psicanálise, em *Meus pontos de vista sobre o papel desempenhado pela sexualidade na etiologia das neuroses* (1906b), Freud atribui a etiologia das neuroses ao "infantilismo da sexualidade" e às fantasias sexuais infantis, nas quais "o elemento 'traumático' [...] perdeu sua importância" (pp. 286-288). Nesse trabalho, Freud já considera o sintoma neurótico como a atividade sexual do sujeito e como resultado do malogro do recalque.

Sobre a "neurose traumática", em carta a Abraham de 18 de fevereiro de 1909, Freud escreve: "Acredito que a neurose traumática seja difícil de resolver e, além de uma nota na *Teoria da sexualidade*, não tenho sugestões acerca de ligá-la a nossas teorias" (Falzeder, 2002, p. 82, tradução minha).

No decorrer da Primeira Guerra Mundial (1914-1918), ao retomar suas primeiras descobertas no campo da psicanálise, nas *Conferências introdutórias sobre psicanálise* (1917b), Freud aborda a questão do "trauma", sobretudo na Conferência XVIII, intitulada "Fixação em traumas – o inconsciente". Nessa conferência, ele diferencia as "neuroses traumáticas", que se manifestam, por exemplo, na guerra, em decorrência de "colisões de trens e outros acidentes alarmantes envolvendo riscos fatais", das "neuroses espontâneas", que remontam à infância do sujeito, possuem componente sexual e nas quais os sintomas são realizações de desejos recalcados no inconsciente – cuja íntima relação com o complexo de Édipo, Freud descobre mais tarde, nas neuroses de transferência. Nas "neuroses traumáticas", a ameaça à integridade do ego vem de fora.

Ainda na Conferência XVIII, segundo Freud:

> [...] as neuroses traumáticas dão uma indicação precisa de que em sua raiz se situa uma fixação no momento do acidente traumático [...] A neurose poderia equivaler a uma doença traumática, e apareceria em virtude da incapacidade de lidar com uma experiência cujo tom afetivo fosse excessivamente intenso (1917b, pp. 324-325).

Em seguida, Freud pondera que, no caso clínico que vem analisando, no qual a paciente permaneceu fixada em seu pai, "o termo 'traumático', aplicado a este fato, perderia todo o seu significado". Parecendo titubeante, depois ele afirma: "[...] não há por que abandonar a linha de abordagem traumática como se fosse errônea; deve ser possível fazê-la adequar-se a isto e incluí-la em algum outro lugar" (1917b, p. 326).

Freud considera que a fixação num "acontecimento traumático" não leva necessariamente às neuroses. Acerca destas, ele estava às voltas com o sentido inconsciente dos sintomas e sua relação com o complexo de Édipo.

Na Conferência XXI – "O desenvolvimento da libido e as organizações sexuais" –, Freud afirma que "o complexo de Édipo pode ser considerado como o núcleo das neuroses" (1917b, p. 393).

Na Conferência XXII – "Algumas ideias sobre desenvolvimento e regressão – etiologia" –, Freud introduz a noção de "série complementar" ou "série etiológica" para explicar a causação das neuroses. Nesta, destaca: de um lado, na idade adulta, a "disposição devida à fixação da libido" e, de outro, a "experiência casual (traumática) [no adulto]"; na infância, aquela "disposição" corresponde à "constituição sexual (experiência pré-histórica)" e à "experiência" adulta, a própria "experiência infantil" (1917b, p. 423).

De qualquer modo, para Freud, sem conflito psíquico não há neurose – conflito entre "uma parte da personalidade [que] defende a causa de determinados desejos, enquanto outra parte se opõe a eles e os rechaça [...] O conflito patogênico é, pois, um conflito entre os instintos do ego e os instintos sexuais" (1917b, pp. 408-409).

Note-se que, já tendo publicado *Sobre o narcisismo: uma introdução*, em 1914, onde a noção de narcisismo vem questionar a oposição entre ego e libido, nas alturas de 1915-1917, Freud já possuía condições de postular que o conflito pulsional se estabelece entre a libido do ego ou narcísica e a libido objetal.

Na Conferência XXIII – "Os caminhos da formação dos sintomas" –, Freud reitera suas concepções acerca da "série complementar", de pontos de fixação e regressão, assim como do recalque e do retorno do recalcado sob a forma de sintomas.

Em *Introdução a psicanálise e as neuroses de guerra* (1919a), Freud levanta a questão acerca da vigência da hipótese de uma etiologia sexual das neuroses de transferência no caso das neuroses de guerra e neuroses traumáticas.

Nesse texto, mais uma vez, Freud reporta-se ao conflito psíquico entre ego e pulsão sexual como estando na etiologia das neuroses de transferência, conflito este que, desde 1914, se tornara entre a libido do ego ou narcísica e a libido de objeto (mas, ainda não, entre pulsão de vida – pulsão sexual ou libido e pulsão de autopreservação – e pulsão de morte).

Nesse mesmo trabalho de 1919, Freud considera que as neuroses de guerra são neuroses traumáticas – cujos sintomas se assemelham aos da histeria, podendo também se manifestar "após experiências assustadoras ou graves acidentes, sem qualquer referência a um conflito no ego" (1919a, p. 261).

Em seguida, Freud reporta-se às neuroses narcísicas, nas quais estão envolvidos "o medo, a ansiedade e a libido narcísica" – assim como nas ditas neuroses traumáticas. Afirma que "nas neuroses traumáticas e de guerra, o ego humano defende-se de um perigo que o ameaça de fora ou que está incorporado a uma forma assumida pelo próprio ego". O ego tem medo de ser prejudicado pela violência externa. Em seguida, Freud conclui que, assim como nas neuroses de transferência, nas neuroses traumáticas, "o que é temido é, não obstante, um inimigo interno" (1919a, p. 262).

Isso parece querer dizer que nenhuma ameaça externa ao ego, mesmo que violenta, é geradora de neuroses – nem mesmo traumáticas –, mas pode ser tão somente a ocasião para que sintomas neuróticos, e mesmo perversos e psicóticos, do sujeito traumatizado se manifestem.

Freud chega à conclusão de que "temos todo o direito de descrever a repressão, que está na base de cada neurose, como uma reação ao trauma – como uma neurose traumática elementar" (1919a, p. 263).

No meu entender, não existe, propriamente falando, uma "neurose traumática", cuja causa seja alheia à constituição psíquica do sujeito que sofre um "trauma" e totalmente externa a ele, como a guerra, as catástrofes etc. Pelo termo de Freud anteriormente citado – "neurose traumática elementar" –, entendo que, na base de toda neurose, o recalcamento é uma defesa contra um "trauma", representado pela angústia de castração. É o que se constata, a partir de 1925-1926, em *Inibições, sintomas e ansiedade* (1926b), que esse eventual "trauma" é identificado como perigo de castração, gerador de angústia, sendo esta a única que possui força de levar o ego a defender-se por meio do recalcamento, como veremos mais adiante. Os sintomas neuróticos manifestam-se em decorrência de falha no recalcamento.

Em *Além do princípio de prazer* (1920a), Freud retoma a questão das "neuroses traumáticas"

> uma condição que ocorre após graves concussões mecânicas, desastres ferroviários e outros acidentes que envolvem risco de vida [...] O quadro sintomático apresentado pela neurose traumática aproxima-se do da histeria pela abundância de seus sintomas motores semelhantes [...] (p. 23).

Freud identifica como uma das características na etiologia das "neuroses traumáticas" o fator da surpresa, do susto. Em seguida, diz: "'Susto', 'medo' e 'ansiedade' são palavras impropriamente empregadas como expressões sinônimas; são, de fato, capazes de uma distinção clara em sua relação com o perigo" (1920a, p. 23). Pondera que nem a surpresa nem o susto são sentimentos capazes de desenvolver uma neurose e, portanto, não existe uma "neurose traumática" propriamente dita. Quanto ao fator ansiedade, este será abordado em *Inibições, sintomas e ansiedade* (1926b), introduzindo a segunda teoria da angústia, em sua relação com o recalque.

Mas, ainda no citado texto de 1920, deixando de usar a palavra "neuroses", mas tão somente a palavra "traumáticas", Freud afirma:

> Descrevemos como "traumáticas" quaisquer excitações provindas de fora que sejam suficientemente poderosas para atravessar o escudo protetor. Parece-me que o conceito de trauma implica necessariamente numa conexão desse tipo com uma ruptura numa barreira sob outros aspectos eficazes contra os estímulos. Um acontecimento como um trauma externo está destinado a provocar um distúrbio em larga escala no funcionamento do organismo e a colocar em movimento todas as medidas defensivas possíveis. Ao mesmo tempo, o princípio de prazer é momentaneamente posto fora de ação. Não há mais possibilidade de impedir que o aparelho mental seja inundado com grandes quantidades de estímulos; em vez disso, outro problema surge, o problema de dominar as quantidades de estímulo que irromperam, e de vinculá-las, no sentido psíquico, a fim de que delas se possa então desvencilhar (1920a, p. 45).

A meu ver, nesse trabalho de 1920, o que está em pauta é a compulsão à repetição a fim de dominar o trauma, o que introduz a noção de pulsão de morte, e, desde então, o conflito pulsional passa a ser entre pulsão de vida – que abrange a pulsão sexual ou libido e a pulsão de autopreservação – e pulsão de morte.

No entender de Menezes (2005), nesse referido texto, Freud retoma o "tema do trauma", introduzindo as noções de automatismo de repetição e de pulsão de morte. Porém, como reconhece o autor, nos anos que se seguiram à publicação desse estudo de 1920, "não foi Freud [...] mas Ferenczi quem mais trabalhou com essas concepções [...]" (pp. 93-108).

Isso pode ser corroborado a partir da correspondência de Freud a Ferenczi, de 1920 a 1933 – ano em que este último falece. Na introdução a essa obra, os editores revelam que

> Freud estava relutante em segui-los [referindo-se a Ferenczi, com sua "Teoria da genitalidade", que recupera a noção de "trauma", e a Rank, com sua noção de "trauma do nascimento"], em qualquer abordagem ou conclusões deles [...] Ele criticava especialmente o modo de os autores colocarem o problema dos complexos de Édipo e castração (Falzeder & Brabant, 2000, pp. XXIII-IV).

Abrindo um breve parêntese, a noção de "trauma do nascimento" recebera considerações de Freud, sobretudo do ano de 1914, em *Sobre o narcisismo: uma introdução*, até 1925-1926, em *Inibições, sintomas e ansiedade*, quando ele passa a rejeitá-la, postulando que a angústia de castração, na fase fálica, é a única que tem força para levar o ego a defender-se recorrendo ao recalcamento – cuja falha é responsável pelo retorno do recalcado na forma de sintomas neuróticos. Aqui é introduzida a segunda – e definitiva – teoria da angústia em sua relação com o recalque. Fecho o parêntese.

Ainda, no referido trabalho publicado em 1926, Freud questiona o caráter do "perigo" colocado pelo nascimento e sua possibilidade de gerar ansiedade, indagando: "o que é um 'perigo'?". Em resposta, escreve que "no ato do nascimento há um verdadeiro perigo à vida" (pp. 158-159), mas que este perigo

> não tem ainda qualquer conteúdo psíquico. Não podemos possivelmente supor que o feto tenha qualquer espécie de conhecimento de que existe a possibilidade de sua vida ser destruída [...] Não é crível que uma criança retenha coisas além

de sensações táteis e gerais relacionadas com o processo de nascimento (1926b, pp. 158-159).

Freud aborda os perigos específicos capazes de precipitar uma "situação traumática", em diferentes épocas da vida. "Estes, em breves linhas, são os seguintes: [...] a perda da mãe como um objeto, a perda do pênis, a perda do amor do objeto, a perda do amor do superego" (1926b, p. 101). Em seguida, sem se reportar a uma "situação traumática", ele discrimina as situações geradoras de ansiedade, decorrentes do que representa perigo em cada etapa da constituição do psiquismo:[2]

- quando o ego é imaturo, o perigo do desamparo psíquico;
- quando a criança ainda é extremamente dependente do adulto, o perigo da perda do objeto ou de seu amor;
- na fase fálica, o perigo da castração – e a consequente angústia de castração, que, conforme anteriormente referido, é a única que tem poder de levar o ego a defender-se por meio do recalque, de cuja falha decorrem as neuroses;
- na fase de latência, o medo do superego (1933a, pp. 166-167).

Decididamente, a psicanálise tal e qual legada por Freud não sofre de nenhum "pansexualismo" e, muito menos, de "pantraumatismo"!

Vejamos o que Freud (1933b) pensava acerca das excessivas inovações de Ferenczi, embora tenha escrito um obituário, por ocasião de seu falecimento, em 23 de maio de 1933, aos 60 anos.

Uma semana após, ou seja, em 29 de maio de 1933, Freud escreve uma carta a Ernest Jones, na qual afirma:

---

2 Tudo isso é reiterado na Conferência XXXII – "Ansiedade e vida instintual" – das *Novas conferências introdutórias sobre psicanálise* (1933a).

> Esteja certo, a perda não foi nova; há anos Ferenczi não está mais conosco, afinal, nem mesmo com ele. Agora é mais fácil compreender o lento processo de destruição no qual ele caiu vítima [...] Suas inovações técnicas estavam conectadas a isso, como ele queria me mostrar quão afetuosamente se tinha que tratar os pacientes a fim de ajudá-los. Afinal, havia regressões a complexos de sua infância, o principal sendo que sua mãe não o havia amado – uma meia criança entre 11 e 13 anos – o suficiente. Assim, ele próprio se tornou uma mãe melhor, mesmo encontrando as crianças de que necessitava, entre as quais uma suspeita mulher americana a quem ele frequentemente devotava 4-5 horas por dia (Senhorita Severn?). Depois que ela se tinha ido, ele acreditou que ela o influenciou por meio de vibrações através do oceano, e disse que ela o analisou e por isso, o salvou. (Ele assim desempenhou ambos os papéis, era mãe e criança). Ela parece ter produzido uma *fantástica pseudologia*; ele lhe creditou os mais velhos traumas da infância, com os quais ele se defende contra nós. Nesta confusão, sua uma vez brilhante inteligência se extinguiu (Paskauskas, 1993, p. 721, tradução minha).

Uma referência a essa carta encontra-se na introdução de *The correspondence of Sigmund Freud and Sándor Ferenczi – 1920-1933*. Tal referência segue a exposição de "A querela entre Freud, Rank e Ferenczi" – a qual revela o efeito traumático que a controvérsia Freud-Ferenczi teria sobre o movimento psicanalítico. De acordo com Falzeder e Brabant (2000, pp. 22-23, tradução minha):

> Em maio-junho de 1923, Rank escreveu *O trauma do nascimento*. Freud e Ferenczi estavam muito interessados no trabalho, apesar de não terem gostado do tom. Ferenczi entusiasticamente começou testando as ideias de Rank em sua prática. Freud concordou em deixar que o livro lhe fosse dedicado. Por sua vez, Ferenczi havia terminado de escrever *Thalassa: uma teoria da genitalidade*. Ainda que estes dois livros estivessem

> em preparação, Ferenczi e Rank haviam começado a editar seu projeto colaborativo, *O desenvolvimento da psicanálise*, que causaria um escândalo dentro do mundo psicanalítico. Freud primeiro esteve muito favoravelmente disposto às ideias colocadas em *O desenvolvimento da psicanálise*. Mas, durante uma visita que Ferenczi lhe fez em Viena, no Ano Novo de 1924, Freud revelou que não concordava absolutamente com as conclusões dos dois autores. Para Ferenczi, esse desacordo caiu como uma completa surpresa.

No entanto, dentre as principais ideias constantes naquele projeto, Ferenczi e Rank argumentaram para que se reintroduzisse um pouco de hipnose e sugestão na terapia analítica; recomendaram simplificar a técnica em alguma extensão, esperando, desse modo, acelerar o tratamento.

> Freud estava relutante em segui-los em qualquer abordagem ou conclusões deles [...] Ele criticava especialmente o modo de os autores colocarem o problema dos complexos de Édipo e castração [...] Ademais, Freud pensava que as inovações técnicas não eram isentas de perigo (Falzeder & Brabant, 2000, pp. 23-24, tradução minha).

Em carta de 16 de setembro de 1930, Freud escreve a Ferenczi:

> As novas visões acerca da fragmentação traumática da vida mental que você indicou parecem-me ser muito engenhosas e ter alguma coisa da grande característica da Teoria da Genitalidade. Somente penso que dificilmente se pode falar de trauma na extraordinariamente sintética atividade do ego sem tratar a cicatriz deixada pela formação reativa ao longo dela. A última, é lógico, também produz como vemos; precisamos fazer os traumas acessíveis (Falzeder & Brabant, 2000, p. 399, tradução minha).

Na carta de 18 de setembro de 1931, Freud escreve a Ferenczi, em resposta a uma carta deste último, abordando o distanciamento entre eles e depois se refere a uma possível alienação (penso que da parte de Ferenczi), dizendo-lhe "esperar que não", mas acrescenta:

> É com pesar que eu chame isso de uma expressão de insatisfação interna que você está tentando levar a frente em todos os tipos de direções que me parecem levar a um fim não desejável. Mas eu tenho – [...] – sempre respeitado sua independência e estou preparado para esperar até que você por si mesmo dê passos para retornar. Com você poderia ser uma nova, terceira puberdade, depois da qual você terá provavelmente alcançado a maturidade (Falzeder & Brabant, 2000, p. 418, tradução minha).

Ainda segundo Falzeder e Brabant (2000, pp. 421-422), na carta a Ferenczi, de 13 de dezembro de 1931, Freud a inicia escrevendo:

> Como sempre, fiquei contente com sua carta, menos com seu conteúdo. Se você foi incapaz de decidir sobre alguma mudança na sua posição até agora, então, é certamente muito improvável que você o fará mais tarde. Mas é um assunto essencialmente seu; minha opinião de que você não tem tomado qualquer passo frutífero é um assunto privado que não precisa perturbá-lo. Por outro lado, vejo que a diferença entre nós resume-se na menor coisa, um detalhe em técnica, que certamente merece ser discutido [...].

Freud refere-se à gratificação erótica entre o analista e seus pacientes, como é o caso da troca de beijos e/ou sexo.

Na carta de 24 de abril de 1932, Freud escreve a Ferenczi: "Não partilho de sua opinião sobre a inutilidade da maior parte da literatura psicanalítica [...]" (Falzeder & Brabant, 2000,

p. 431). Passam-se cinco meses e, na carta de 2 de outubro de 1932, Freud afirma: "Objetivamente, penso que estaria numa posição para lhe pontuar o erro teórico em sua construção, mas, para quê? Estou convencido de que você não estaria acessível a qualquer dúvida" (Falzeder & Brabant, 2000, p. 445).

Para concluir, a concepção freudiana de "trauma" pode assim ser sintetizada, de acordo com os principais dicionários de psicanálise.

Segundo Laplanche e Pontalis (1985, p. 678), na obra freudiana, o "trauma" é entendido como

> acontecimento de vida do indivíduo que se define pela sua intensidade, pela incapacidade em que se acha o indivíduo de lhe responder de forma adequada, pelo transtorno e pelos efeitos patogênicos duradouros que provoca na organização psíquica. Em termos econômicos, o traumatismo caracteriza-se por um afluxo de excitações que é excessivo, relativamente à tolerância do indivíduo e à sua capacidade de dominar e de elaborar psiquicamente estas excitações.

Kaufmann observa que "em Freud só se trata de *trauma* e não de traumatismo" – onde o que importa é o efeito psíquico no sujeito, provocado por uma dada vivência. Conforme o autor, até *Inibições, sintomas e ansiedade* (1926b), Freud continua enfatizando "o fato de o trauma estar ligado ao estado de impotência ou de desamparo do organismo receptor" (Kaufmann, 1996, p. 558).

Ainda, como bem sublinham Roudinesco e Plon (1998, p. 538):

> Todos os trabalhos do século XX sobre os traumas ligados à guerra, à tortura, à prisão ou às situações extremas confirmam a formulação freudiana: esses traumas são, a um só tempo, específicos de uma dada situação e reveladores, em cada sujeito, de uma história que lhe é peculiar.

Notas acerca do complexo de castração

A partir da leitura de uma afirmação proferida por um psicanalista estrangeiro,[1] inicio este texto com uma pergunta: é correto dizer que Freud "converteu em teoria metapsicológica" a "teoria sexual infantil de Hans acerca da castração"?

No meu entender, não!

Em primeiro lugar, porque se tratam de dois estatutos absolutamente distintos do que vem a ser uma *teoria* – a teoria acerca do complexo de castração, arduamente elaborada por Freud durante mais de quarenta anos, e o que ele denominou "teorias sexuais infantis", dentre as quais se encontra a da castração, ou seja, a fantasia infantil a respeito da castração para dar sentido à diferença anatômica entre os sexos, cuja significação é inacessível à criança pequena.

Em segundo lugar, porque o conceito freudiano de complexo de castração – o qual, articulado ao conceito de complexo de Édipo, constituem o complexo nuclear da constituição psíquica (normal e patológica) do sujeito – é irredutível a uma fantasia infantil sobre uma suposta castração consumada

---

[1] Cujo nome omito, por se tratar de correspondência particular.

na menina e que representa a ameaça de uma suposta castração para o menino.

Para elucidar este mal-entendido da obra freudiana, recorro ao *Vocabulário da psicanálise*, de Laplanche e Pontalis (1985). Especificamente no verbete "complexo de castração", os autores afirmam que: "A análise do pequeno Hans foi determinante na descoberta do complexo de castração por Freud" (p. 111). Apesar de os autores reconhecerem que a publicação deste caso clínico ocorreu em 1909, de uma forma um tanto contraditória, em seguida, eles admitem que: "É em 1908 que o complexo de castração é descrito pela primeira vez; é referido à 'teoria sexual infantil' [...]" (1985, p. 111).

Sendo assim, cai por terra o peso de "determinação" que os autores atribuem ao caso do pequeno Hans – analisado pelo próprio pai, sob a supervisão de Freud –, na descoberta freudiana do complexo de castração. Consequentemente, não faz o menor sentido se dizer que Freud converteu a teoria sexual infantil de Hans acerca da castração em teoria metapsicológica.

Considero um equívoco subordinar à determinação do caso do pequeno Hans a descoberta do complexo de castração por Freud (1909), cujo ponto culminante da elaboração desse conceito-chave ocorre entre os anos de 1923 e 1925, como veremos a seguir. Mas o certo é que Freud chega às "teorias sexuais infantis", dentre as quais se encontra a fantasia da castração, antes da análise do pequeno Hans, a qual obviamente veio dar um respaldo clínico imediato – diversamente do que ocorre numa análise de adultos – às elaborações freudianas acerca das "teorias" sexuais que as crianças formulam para significar os enigmas da sexualidade: os postos pela sua própria sexualidade, pela origem dos bebês, dentre os quais a criança pequena inclui o enigma de sua própria origem, e, ainda, pela diferença sexual anatômica.

Antes de fazer um percurso histórico acerca da noção de castração, que se transforma num conceito e depois, de modo cada vez mais complexo, numa teoria psicanalítica freudiana, deixo registrado que Freud publicou *Sobre as teorias sexuais das crianças* em 1908. Dentre essas "teorias", conforme anteriormente referido, encontra-se a da castração, a qual, na verdade, é uma fantasia criada pela criança pequena – meninos e meninas – para dar conta da diferença sexual anatômica, que se lhe apresenta como um enigma, pois a criança não tem ainda acesso ao significado de masculino e feminino, ou seja, o que significa ser homem ou mulher.

Em nota do editor inglês James Strachey a esse trabalho de Freud de 1908, lê-se que esse artigo havia sido publicado alguns meses antes do caso do pequeno Hans (1909) e que é naquele trabalho que Freud faz "a primeira menção e o primeiro exame explícitos do 'complexo de castração', cujo único prenúncio fora uma obscura referência a uma ameaça de castração em *A interpretação dos sonhos* (1900) [...]" (Freud, 1908b, pp. 211-212).

Na nota desse mesmo editor inglês ao caso do pequeno Hans, lê-se: "Muitas das mais importantes teorias debatidas no presente caso clínico já foram publicadas no artigo 'Sobre as teorias sexuais das crianças'" (Freud, 1909, p. 14) – teorias estas datadas de 1908.

A essa diferença na ordem cronológica dos artigos acrescem-se as fontes do material para escrever o primeiro, dentre as quais Freud explicita: a observação do que as crianças dizem e fazem e as lembranças conscientes ou não de seus pacientes sobre a infância. A isso podemos acrescentar a autoanálise de Freud, que se inicia em 1897.

Historicamente, no volume I das *Obras Psicológicas Completas de Sigmund Freud*, da Edição Standard Brasileira, dedicado às "Publicações pré-psicanalíticas", em "Esboços para a 'comunicação preliminar'" de 1893 – escritos por Freud em

1892 e só publicados postumamente, em 1940-1941 –, Freud utiliza pela primeira vez o termo "complexo", ao afirmar: "Na histeria [...] o conteúdo da consciência com facilidade se torna dissociado temporariamente, e determinados *complexos de ideias*, que não estão em conexão associativa, com facilidade se desgarram" (Freud, 1892, pp. 210-211, grifos meus).

Em *Projeto para uma psicologia científica* – de 1895 e publicado em 1950 –, especificamente na Parte II, dedicada à psicopatologia, Freud usa novamente o termo "complexo", ao afirmar: "Todo complexo ([círculos] não escurecidos) estava representado na consciência pela única ideia de 'roupas', evidentemente a mais inocente" (Freud, 1895/1950, p. 467, grifos meus). Em nota do editor inglês, há um esclarecimento de que: "Isso constitui, a propósito, um exemplo marcante do emprego da palavra 'complexo' no sentido de um grupo de ideias reprimidas, ideia geralmente atribuída à escola de Zurique" (Freud, 1895/1950, p. 467).

Este mesmo editor, em nota a uma conferência proferida por Freud, em 1906 – "A psicanálise e a determinação dos fatos nos processos jurídicos" –, na qual pela primeira vez ele menciona o nome de Jung, remete-nos ao fato de que Freud, ao escrever *A história do movimento psicanalítico* (1914), reduz a importância da teoria dos complexos assim como das experiências de associação (Freud, 1906a).

Voltando ao *Projeto para uma psicologia científica* (1895/1950), após discorrer sobre as vivências de satisfação e de dor, os afetos e estados de desejo, no subcapítulo "Memória e juízo", Freud reporta-se ao "complexo do ser humano semelhante" – conceitos estes enigmaticamente "esquecidos" por Laplanche, o inventor da "teoria da sedução generalizada".

Em nota do editor brasileiro, Jayme Salomão, aos *Estudos sobre a histeria* (1895a, p. 25), reportando-se a Freud, acertadamente ele nos chama a atenção para o fato de que "a análise de sonhos tornou possível, em segundo lugar, sua própria autoanálise, e suas consequentes descobertas da sexualidade infantil e do complexo de Édipo".

Mesmo que os autores do *Vocabulário da psicanálise* considerem ter sido "determinante" a análise do pequeno Hans na descoberta freudiana acerca do complexo de castração, a meu ver, a nota anteriormente referida é mais do que suficiente para o questionamento do grande equívoco de se dizer que Freud chegou ao conceito metapsicológico do complexo de castração após alçar (só pode ser arbitrariamente, no meu entender) a esta altura a fantasia de castração do pequeno Hans.

Em *A interpretação dos sonhos* (1900), há referências de Freud à castração, ainda que Laplanche e Pontalis (1985) considerem que estas foram acrescentadas em 1911 – o que significa, após a análise do pequeno Hans –, ou "nas edições posteriores" –, o que não quer dizer absolutamente nada.

No subitem "Sonhos sobre a morte de pessoas queridas", do subcapítulo "Sonhos típicos", do capítulo V – "O material e as fontes dos sonhos" –, Freud aborda a relação de hostilidade entre pai e filho e a castração na mitologia (1900).

Mas, é a partir do capítulo VI – "A elaboração dos sonhos" – e, sobretudo no capítulo VII – "A psicologia dos processos oníricos" –, que as referências à castração aparecem mais claramente. No referido capítulo VI, após diferenciar o conteúdo manifesto e o latente dos sonhos, Freud escreve acerca dos simbolismos: "Para representar a castração simbolicamente, a elaboração do sonho utiliza a calvície, o corte de cabelos, o cair de dentes e a decapitação" (Freud, 1900, p. 380, grifo meu).

Na interpretação dos sonhos de sua paciente agorafóbica, Freud considera que, na sua relação com a mãe, assim como na relação desta com o filho (irmão da paciente), "sua mãe ameaçava a seu irmão (ou a ela) de castração [...]" (Freud, 1900, pp. 387-388, grifos meus).

Aqui, Freud já aborda a percepção da diferença anatômica entre os sexos e as "teorias" sexuais que a criança erige para significar tal diferença. Obviamente, àquelas alturas de 1900, Freud não poderia atinar com as consequências psíquicas da percepção das diferenças anatômicas entre os sexos na constituição psicossexual do homem e da mulher, como o fará, a partir de 1923, como veremos adiante.

Em 1919, Freud aborda "sonhos de castração em crianças". Mas, antes disso, em 1914, acrescenta nota de rodapé aos "sonhos de Édipo" sobre os quais refletia, dizendo que: "A cegueira, na lenda de Édipo, como em outras situações, representa a castração" (1900, p. 425, grifo meu).

Obviamente, não era de se esperar que, entre 1914 e 1919, Freud reunisse dados clínicos suficientes para articular ambos os complexos – complexo de Édipo e complexo de castração –, mesmo porque ainda não havia alçado tais fenômenos à categoria de complexos estruturantes do sujeito psíquico – na sanidade e na loucura.

Voltando ao início do século XX, em *A psicopatologia da vida cotidiana* (1901), Freud recorre ao tema da castração na interpretação de lapsos e fantasias.

Em *Três ensaios sobre a teoria da sexualidade* (1905c), ao abordar "a sexualidade infantil" (capítulo II) e, nesta, "as pesquisas sexuais da infância", Freud reporta-se, no subitem "Complexo de castração e inveja do pênis", à castração enquanto fantasia elucidativa da diferença anatômica entre os sexos; antes disso, a fantasia cloacal era explicativa da origem dos bebês. Mas é somente em 1920 que, em nota de rodapé, Freud estende o complexo de castração à menina, ao afirmar: "Estamos justificados em falar em um complexo de castração nas mulheres" (1905c, p. 201, grifos meus).

O subitem de 1905c, referido anteriormente, revela que Freud não poderia se reportar ao complexo de castração como conceito e que, portanto, não teria derivado tal noção do caso do pequeno Hans – mas ao contrário –, nem mesmo suas concepções sobre a sexualidade infantil, as "teorias" sexuais na infância e, em particular, a fantasia de castração. A isso se acresce que, nesse mesmo texto de 1905, ao abordar o fetichismo, dentre as aberrações sexuais, é só em nota de rodapé acrescentada em 1915 que Freud vem descobrir que "o pé representa o pênis de uma mulher, cuja ausência é profundamente sentida" (1905c, p. 157). Mas, ao discorrer sobre o tocar e o olhar, enquanto fixações dos objetivos sexuais preliminares, é que Freud introduz uma nota de rodapé em 1920, na qual se refere explicitamente ao complexo de castração, afirmando: "A compulsão de exibir, por exemplo, depende também intimamente do complexo de castração [...]" (1905c, p. 159, grifos meus).

Na verdade, Freud acrescenta aos *Três ensaios sobre a teoria da sexualidade* (1905c) o subitem sobre as teorias sexuais infantis, em 1915, e, portanto, oito anos após o específico trabalho *Sobre as teorias sexuais das crianças* (1908b), publicado alguns meses antes de *Análise de uma fobia de um menino de cinco anos* (1909).

Conforme anteriormente referido, no artigo de 1908, é que o editor James Strachey registra em nota que aqui Freud faz "a primeira menção e o primeiro exame explícitos do 'complexo de castração'". Na opinião desse editor, "O riquíssimo material aqui exposto pode, sem dúvida, ser em grande parte atribuído às descobertas da análise do 'Little Hans', cujo relato, recentemente terminado, ilustrava e ampliava grande parte do conteúdo deste artigo" (Freud, 1908b, p. 212, grifos meus).

Para falar sobre as teorias sexuais da criança, as quais estão recalcadas no adulto, por que não recorrer ao exemplo clínico vivo do pequeno Hans, como "ilustração" e "ampliação" do que Freud já constatara em si mesmo, nos seus filhos, netos e pacientes?

Ora, isto é uma parte e não o todo: a "teoria" infantil da castração e a "fantasia" da ameaça de castração no menino e da castração consumada na menina fazem parte do complexo de castração de tal maneira que este conceito é irredutível a qualquer uma de suas partes, tenham elas tido a inspiração que tiveram.

Como já referido, no caso do pequeno Hans (1909), o editor inglês chama a atenção para o fato de que as mais importantes teorias debatidas nesse caso clínico já foram publicadas no artigo *Sobre as teorias sexuais das crianças* (1908b). Essa passagem torna mais evidente que, em suas comunicações naquele período de 1908-1909, Freud podia perfeitamente se reportar ao caso do pequeno Hans, o que absolutamente não quer dizer que foi a partir desse caso que ele chegou à teoria metapsicológica do complexo de castração – a qual tem como um de seus pontos de partida a sexualidade infantil e as "teorias" sexuais das crianças, dentre as quais se encontra a da castração.

Para concluir, a obra de Freud revela que ele elaborou o conceito de complexo de castração a partir de sua autoanálise, da interpretação dos sonhos, dos atos falhos e dos sintomas de seus pacientes, da observação de seus filhos, netos e sobrinhos, não precisando aguardar o pequeno Hans em 1909 para criar sua teoria acerca do complexo de castração – que nem se inicia e nem termina com a supervisão da análise do garoto empreendida pelo próprio pai.

No prefácio da quarta edição de *Três ensaios sobre a teoria da sexualidade* (1905c), datado de maio de 1920, Freud (1905c, p. 133) afirma: "Se todos pudéssemos aprender através da observação direta das crianças, estes três ensaios não precisariam ter sido escritos".

O percurso que leva Freud a elaborar a teoria sobre o complexo de castração articulado ao complexo de Édipo inicia-se por volta de 1900 e se estende até pouco antes do final de sua vida, atingindo seu ponto culminante em termos de densa produtividade entre o ano de 1923a, com *A organização genital infantil*, e o de 1925a, com *Algumas consequências psíquicas da distinção anatômica entre os sexos*, passando pelo trabalho *A dissolução do complexo de Édipo*, de 1924a. Aqui reside o grande momento de articulação entre os conceitos de fase fálica, complexo de Édipo e complexo de castração, que tão importante lugar ocupam na teoria psicanalítica freudiana sobre a constituição psíquica – normal e patológica – do sujeito. Sem dúvida, tal articulação vai se consolidar nos próximos trabalhos de Freud,[2] dentre os quais se destacam: *Inibições, sintomas e ansiedade* (1926b), *Fetichismo* (1927a), *Sexualidade feminina* (1931) e *Feminilidade* (1933a).

Os frutos dessa árdua trajetória de mais de quarenta anos serão magistralmente reiterados, ainda que, infelizmente, de modo sumário, na derradeira obra de Freud, *Esboço de psicanálise*, escrito um ano antes de sua morte e publicado postumamente, pouco depois (1940).

2 Assunto tratado por mim em *Ensaios freudianos em torno da psicossexualidade* (Violante, 2004).

Do ego ideal ao ideal do ego/superego

Em *Sobre o narcisismo: uma introdução* (1914/1983), Freud afirma que "[...] uma unidade comparável ao ego não pode existir no indivíduo desde o começo; o ego tem de ser desenvolvido." Apesar de deixar como uma incógnita, considera ser necessário que "uma nova ação psíquica" se adicione ao autoerotismo "a fim de provocar o narcisismo" (p. 93).

Nesse texto, sem discriminar claramente o que é autoerotismo e o que é narcisismo, Freud parece entender este último conceito como amor a si,[1] ao ponderar que "Um egoísmo forte constitui uma proteção contra o adoecer, mas, num último recurso, devemos começar a amar a fim de não adoecermos, e estamos destinados a cair doentes se, em consequência da frustração, formos incapazes de amar" (1914/1983, p. 101).

Depois, ele postula que "a repressão [...] provém do ego; poderíamos dizer com maior exatidão que provém do amor-próprio

---

1 Dentre as demais acepções do conceito de narcisismo na obra freudiana, temos: estado anobjetal (que seria o do hipotético narcisismo primário), fase do desenvolvimento libidinal entre o autoerotismo e o amor objetal, e ainda, um tipo de escolha de objeto (tipo narcísico).

do ego". Em seguida, diz que o fator condicionante da repressão é "para o ego, a formação de um ideal [...]" (Freud, 1914/1983, p. 111). A esse respeito, continua:

> Esse ego ideal é agora alvo do amor de si mesmo (*self-love*) desfrutado na infância pelo ego real. O narcisismo do indivíduo surge deslocado em direção a esse novo ego ideal, o qual, como o ego infantil, se acha possuído de toda perfeição de valor (Freud, 1914/1983, p. 111).

Decido criar aqui um parágrafo – que não existe nesse texto freudiano publicado nas *Obras Psicológicas Completas de Sigmund Freud*, de responsabilidade do editor inglês James Strachey e do editor em português Jayme Salomão, pela Editora Imago – a fim de salientar a diferença entre o ego ideal (*Idealich*, conforme Hanns ou *Ideal Ich*, conforme Garcia-Roza) e o ideal do ego (*Ichideal*, conforme Hanns ou *Ich ideal*, conforme Garcia-Roza), diferença que é pouco relevada por Laplanche e Pontalis (1985), assim como por Roudinesco e Plon (1998).

Retomo a continuação da interrompida citação freudiana, onde se lê:

> Como acontece sempre que a libido está envolvida, mais uma vez aqui o homem se mostra incapaz de abrir mão de uma satisfação de que outrora desfrutou. Ele não está disposto a renunciar à perfeição narcisista de sua infância; e quando, ao crescer, se vê perturbado pelas admoestações de terceiros e pelo despertar de seu próprio julgamento crítico, de modo a não mais poder reter aquela perfeição, procura recuperá-la sob a nova forma de um *ego ideal*. O que ele projeta diante de si como sendo seu ideal é o substituto do narcisismo perdido de sua infância na qual ele era seu próprio ideal (Freud, 1914/1983, p. 111, grifos meus).

Fazendo um breve parêntese, tal como essa citação está, com razão Laplanche e Pontalis (1985), assim como Roudinesco e Plon (1998) consideram que não está clara a diferença entre ego ideal e ideal do ego na obra freudiana. Apesar de estes dois últimos autores reconhecerem que "a noção de ideal do Eu é um marco essencial do pensamento freudiano [...]", em ambos os dicionários, sem definirem "ego ideal" ou "Eu ideal", os autores interpretam no verbete "ideal do ego" a citação anterior de Freud, tendo corrigido a palavra "ego ideal", que figura na antepenúltima e penúltima linha, por "ideal do ego".

Esses mesmos trechos do texto de Freud de 1914/1983 foram recentemente traduzidos do alemão para o português por Hanns da seguinte forma:

> [...] a condição para o recalque é essa formação de ideal por parte do Eu. O amor por si mesmo, que já foi desfrutado pelo Eu verdadeiro na infância, dirige-se agora a esse Eu ideal. O narcisismo surge deslocado nesse novo Eu, que é ideal, e que, como o Eu infantil, se encontra agora de posse de toda a valiosa perfeição e completude [...] Ele [o ser humano] procurará recuperá-lo [o estado de perfeição e completude narcísicas de sua infância] então na nova forma de um *ideal de Eu* (Hanns, 2004, p. 112, colchetes e grifos meus).

A esse respeito, em notas, Hanns (2004) registra: "A leitura atenta de Lacan [...] sobre esse trecho alçou os termos 'Eu ideal' [*Idealich*] e 'ideal de Eu' [*Ichideal*] à categoria de conceitos diferentes entre si [...]"(p. 128).

De fato, é desta forma distinta que lemos em *Os escritos técnicos de Freud* (Lacan, 1954/1986, pp. 156-157).

Nessa mesma direção, Garcia-Roza (1995, p. 51) registra a distinção entre o Eu ideal (*Ideal Ich*) e ideal do Eu (*Ich ideal*).

Em Kaufmann (1995), lemos:

> A formação de ideal seria, da parte do Eu, a condição do recalcamento. Chamaremos esse ideal de Eu ideal (*ideal Ich*) e o compreenderemos como prolongamento do narcisismo como objeto de amor. No entanto, na medida em que esse ideal é buscado pelo Eu, a designação que lhe cabe é a de ideal do Eu. É para esse Eu ideal (*ideal Ich*) que se volta agora o amor a si mesmo de que gozava na infância o Eu real. Revela-se que o narcisismo é deslocado para esse novo Eu ideal, que se vê, como o Eu infantil, dotado de todas as perfeições [...] (p. 182).

O homem procura reconquistar a perfeição narcísica de sua infância "sob a nova forma do ideal do eu. O que projeta diante de si como seu ideal é o substituto do narcisismo perdido de sua infância; naquele tempo, ele era seu próprio ideal" (Kaufmann, 1996, p. 182).

No verbete "Eu ideal", Sophie de Mijolla (2005) considera que Freud utiliza, em sua obra, ambas as noções – a de Eu ideal e a de ideal do Eu – de maneira indiferenciada, mas que, no entanto, em *Sobre o narcisismo: uma introdução* (1914/1983), ele:

> [...] mostra de imediato uma diferença na medida em que o Eu ideal é dado como destinatário do amor de si mesmo de que desfrutava na infância o Eu ideal [...] O ideal do Eu é, em contrapartida, uma noção dinâmica: o sujeito, escreve Freud, procura recuperar a perfeição narcisista de sua infância sob a nova forma do ideal do Eu, que ele projeta à sua frente como um objetivo a atingir num tempo futuro (Mijolla, 2005, pp. 644-645).

Um fato é inegável: tal como está escrito em português em *Obras Completas*, o texto freudiano não é claro, tanto é que seus "tradutores intérpretes", Laplanche e Pontalis, bem como Roudinesco e Plon, não reconhecem a diferença entre os conceitos de ego ideal e de ideal do ego; enquanto talvez inspirados em Lacan, é que Hanns, Garcia-Roza e Kaufmann reconheçam a diferença entre eles. Apesar de compreendê-la em acordo com estes últimos autores, concluo que, além de Freud não deixar clara a diferença entre o ego ideal e o ideal do ego – o que foi empreendido por Lacan e outros –, ele também não deixou clara a diferença entre o ideal do ego e o superego, até estabelecê-la definitivamente apenas em 1932--1933, em *Novas conferências sobre psicanálise.*

Em *Os instintos e suas vicissitudes* (1915b), Freud afirma: "Ficamos habituados a denominar a fase inicial do desenvolvimento do ego, durante a qual seus instintos sexuais encontram satisfação autoerótica, de 'narcisismo', sem de imediato travarmos um debate sobre a relação entre o autoerotismo e o narcisismo" (p. 153).

Depreende-se daqui que narcisismo é "a fase inicial do desenvolvimento do ego" – na forma de um ego ideal –, quando os pais, ao reviverem o próprio narcisismo, alçam o bebê ao lugar de "Sua Majestade". Quanto ao autoerotismo, podemos depreender, desde os *Três ensaios sobre a teoria da sexualidade* (1905c), que é o modo por meio do qual a libido busca satisfação no próprio corpo, sendo que, como afirma Freud, "esta satisfação precisa ter sido experimentada anteriormente a fim de ter deixado atrás de si a necessidade de repetição" (1905c, p. 189).

Anos mais tarde, na construção desse fabuloso edifício teórico-clínico que é a psicanálise, Freud esclarece que é necessário remontar o início da função sexual nas crianças "quase que ao começo da existência extrauterina" (1923b, p. 296).

Em outro lugar, com a finalidade de propiciar maior compreensão da teoria freudiana, tentei lançar luz à organização dessa indissociabilidade representada pela constituição da psique e pelo desenvolvimento libidinal (Violante, 2004). No meu entender, trata-se de dois registros solidários, porém distintos: no da constituição da psique, o narcisismo é a primeira forma pela qual o ego se constitui como um ego ideal; enquanto que, no do desenvolvimento da libido, o autoerotismo é o modo de a pulsão sexual buscar satisfação no próprio corpo do sujeito.

De acordo com a citação freudiana de 1914, nem o "ideal do ego" nem a "consciência moral" são concebidos como instâncias psíquicas – época em que vigoravam a primeira tópica, a primeira teoria pulsional e a primeira teoria da angústia em sua relação com o recalque. Talvez seja isso o que permite a Freud referir-se a uma "realização do ideal do ego" (1914/1983, p. 118) – substituto do narcisismo infantil.

Em *Psicologia de grupo e a análise do ego* (1921), Freud atribui indistintamente ao "ideal do ego" ou "consciência" ou "instância crítica dentro do ego" as funções de: auto-observação, consciência moral, censura e influência no recalcamento (influência esta que, em 1914, fora atribuída ao ego ideal).

Em *O ego e o id* (1923c), apesar de continuar a utilizar indistintamente os conceitos "superego" e "ideal do ego", ambos figuram como instâncias psíquicas, herdeiras do complexo de Édipo,[2] sendo que o autojulgamento tem a função de declarar que "o ego não alcança o seu ideal" (1923c, p. 52).

Talvez por serem solidárias, Freud se reporte a ambas as instâncias psíquicas anteriormente referidas indistintamente, até que vem a discriminá-las em definitivo, na 31ª conferência de as *Novas conferências introdutórias sobre psicanálise*

---

2 Q. v. pp. 51 e 64, apesar de não figurarem no diagrama da p. 38 do referido trabalho de 1923.

(1933a): enquanto o ideal do ego tem como função estimular o ego a atingir a perfeição e servir de instrumento por meio do qual o ego se avalia, o superego é o veículo, o portador do ideal do ego, cujas funções são: a auto-observação, a consciência e a de manter o ideal.

Em termos psicopatológicos, naquele ano de 1923, Freud escreveu *Neurose e psicose*, onde postula que, nas neuroses de transferência, o conflito se estabelece entre o ego e o id, enquanto que, nas psicoses, ocorre nas relações do ego com o mundo externo (1924c, p. 189).

Acrescenta que, nas neuroses, o ego se defende do conflito recorrendo ao recalcamento e, segundo Freud, "não é contradição que, empreendendo o recalque, no fundo o ego esteja seguindo as ordens do superego [...]" (Freud, 1923c, p. 190). E mais, nas "psiconeuroses narcísicas", como a melancolia, o conflito se estabelece entre o ego e o superego.

Entre o "normal" e o patológico

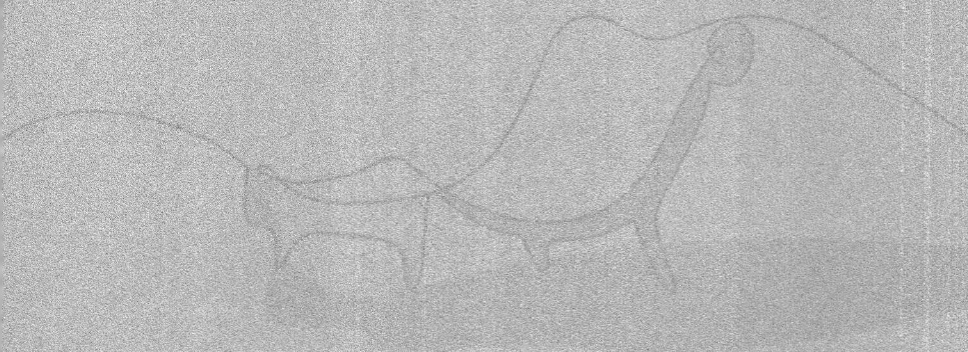

Do patológico ao normal e do individual ao social (e vice-versa)

Sabemos que só depois do trabalho de Freud e Breuer, *Estudos sobre a histeria* (1893-1895), é que apareceram as *Primeiras publicações psicanalíticas* (1893) de Freud, as quais consistem de estudos psicopatológicos sobre as neuroses – a histeria, as obsessões e as fobias –, e sua etiologia, estudos que se estendem de 1893 a 1899. Antes disso, a questão do inconsciente já intrigava Freud desde seus estudos com Charcot (falecido em 1893) e Breuer – de quem ele se separa exatamente no momento em que dirige sua atenção para a questão posta pela sexualidade e pelo inconsciente.

O "tormento" de "[...] extrair da psicopatologia um lucro para a psicologia normal", aludido na carta a Fliess de 25 de maio de 1895, fala mais alto e Freud volta-se para o estudo dos sonhos, publicando, em 1900, *A interpretação dos sonhos* – obra que, junto com os *Três ensaios sobre a teoria da sexualidade* (1905c), sofreu periódicas revisões, durante vinte anos aproximadamente. No entanto, o interesse de Freud pelos sonhos já se revelara na primeira de suas histórias clínicas, a de Frau Emmy von N., e ele já levantara no final de 1895 a hipótese de que o sonho tanto quanto o sintoma são realizações de desejos.

No prefácio à primeira edição de *A interpretação dos sonhos* (1900, p. 31), Freud afirma que:

> [...] os sonhos não podem reivindicar importância prática, mas seu valor teórico como paradigma é, por outro lado, proporcionalmente maior. Quem quer que tenha falhado em explicar a origem das imagens oníricas quase que não pode esperar compreender as fobias, obsessões ou delírios, ou fazer com que uma influência terapêutica se faça sentir sobre elas.

Transcorridos trinta anos de intensa produtividade na construção do monumental edifício que é a psicanálise, Freud escreve no prefácio à terceira edição inglesa (revista) dessa obra, datada de 15 de março de 1931: "Nutria a esperança de que a interpretação de sonhos ajudaria a tornar possível a análise psicológica das neuroses; desde então, uma compreensão mais profunda das neuroses reagiu, por sua vez, sobre nosso ponto de vista dos sonhos". E mais:

> Este livro, com a nova contribuição à psicologia surpreendeu o mundo quando de sua publicação (1900), permanece essencialmente inalterado. Contém ele, mesmo de acordo com meu julgamento dos dias que correm, a mais valiosa de todas as descobertas que tive a felicidade de fazer. Compreensão (*insight*) dessa espécie só ocorre a alguém uma vez na vida.

No capítulo VII dessa obra sobre os sonhos, Freud reitera os conceitos de vivência de satisfação e de desejo, formulados em *Projeto para uma psicologia científica* (1895/1950).

Antes de prosseguir, vou deter-me um pouco sobre esses conceitos porque, como Freud não volta a (re)conceituá-los, ainda que se reporte ao desejo em toda a sua obra, muitos acusam-no de não haver falado do "outro" na gênese do sujeito psíquico e, portanto, da sexualidade. Ora, Freud é muito claro ao afirmar que "o desamparo inicial dos seres humanos é a *fonte primordial* de todos os *motivos morais*" – desamparo que o bebê manifesta ao se mostrar incapaz de realizar uma "ação específica" que venha a satisfazer suas necessidades orgânicas e libidinais, as quais requerem necessariamente a intervenção de uma "assistência alheia" (da mãe, em geral) para que se promova uma vivência de satisfação, a qual, por sua vez, "tem as consequências mais decisivas para o desenvolvimento das funções individuais" (Freud, 1895/1950, p. 422).

É tal vivência que instaura o desejo, ou seja, o "impulso psíquico que procurará recatexiar a imagem mnemônica da percepção e reevocar a própria percepção, isto é, restabelecer a situação da satisfação original" (Freud, 1900, pp. 602-603).

A vivência de satisfação experienciada pelo bebê e promovida pelo outro (a mãe ou substituta), ao instaurar o desejo e suas duas metas pulsionais – a pulsão de vida (que abrange a pulsão sexual ou libido e a pulsão de autoconservação) e a pulsão de morte –, inaugura a psique, nela se inscrevendo por meio de traços mnêmicos.

Marcelo Viñar (2002) parte de uma citação de Freud, em *Inibições, sintomas e ansiedade* (1926b), quando este postula um fator biológico – ao lado do psicológico e do filogenético – na causação das neuroses, a fim de expor sua leitura da "experiência de satisfação" (p. 179). Viñar considera que Freud teria construído o modelo da "experiência de satisfação" com os elementos: "Desamparo, indefesa e dependência extrema, designação do valor ao *primeiro outro*, que resolve a 'necessidade' ou tensão interna e a angústia que lhe é intrínseca" (2002, p. 48, tradução minha).

No entender do autor, a "experiência de satisfação" é um modelo ou ficção teórica de Freud, que trata de dar conta do advir à condição de sujeito e nos permitir pensar um "sujeito da origem submetido à dependência extrema de um objeto que é sua condição de vida (não somente física, mas também psíquica)" (Viñar, 2002, p. 54).

Voltando ao estudo de Freud sobre os sonhos, é nesse trabalho que ele propõe a primeira tópica, ou seja, o primeiro modelo do aparelho psíquico, cuja estrutura é comum aos seres humanos, dotados que são de um inconsciente, um pré-consciente e um consciente. Após 1923, esses lugares tópicos tornam-se qualidades de uma estrutura psíquica constituída pelo id, ego, superego e ideal do ego. No que tange a estas últimas instâncias, herdeiras que são do complexo de Édipo, é somente em 1932-1933, em *Novas conferências introdutórias sobre psicanálise* (1933b), que Freud vem definitivamente distingui-las, revelando, contudo, sua íntima relação.

De acordo com a psicanálise freudiana, é por meio desse percurso que o recém-nascido vem a humanizar-se, ao adquirir uma organização psíquica, ao mesmo tempo em que é introduzido na cultura. E, sendo o inconsciente o objeto de estudo da psicanálise, Freud busca suas manifestações no indivíduo, tanto em sua vida cotidiana – em seus sonhos, atos falhos e sintomas –, quanto em suas relações e produções artísticas ou intelectuais, nos grupos a que pertence e na sociedade inclusiva.

Ao escrever *Uma breve descrição da psicanálise*, Freud (1924e, pp. 254-255, colchetes meus) afirma que a importância da psicanálise – no caso, para a psiquiatria – nunca teria chamado a atenção do mundo intelectual se não fosse a relação que guarda mais com "a vida mental normal" do que com a patológica. Em outras palavras, diz ele que "[...] se tornou óbvio que a validade de [seus] achados não poderia se restringir à esfera da patologia" E ainda:

> Se as descobertas psicológicas obtidas dos sonhos fossem firmemente lembradas, só outro passo era necessário antes que a

> psicanálise pudesse ser proclamada como a teoria dos processos mentais mais profundos não diretamente acessíveis à consciência – como uma "psicologia profunda" –, e antes que pudesse ser aplicada a quase todas as ciências mentais. Esse passo residia na transição da vida mental de homens individuais para as funções psíquicas de comunidades humanas e povos, isto é, da psicologia individual para a de grupo, e muitas analogias surpreendentes nos impuseram essa transição.

Nessa citação, ressalto da última linha a palavra "analogias" porque, no meu entender, é isso que Freud estabelece ao buscar, por exemplo, "correspondência perfeita" entre "as ações obsessivas de certos pacientes obsessivos e as observâncias religiosas dos crentes em todo o mundo" (1924e, p. 256).

Por fim, de acordo com Freud, apesar de a apreciação estética das obras de arte e a elucidação do dote artístico não estarem entre as tarefas da psicanálise, "[...] parece que a psicanálise está em posição de enunciar a palavra decisiva em todas as questões que afloram a vida imaginativa do homem" (1924e, p. 258).

Talvez decorra dessa lição de Freud a minha aversão aos termos "psicanálise aplicada" e textos "sociológicos" de Freud. Mas, com tal abrangência, seria a psicanálise uma "concepção de mundo"?

Na 35ª conferência de *Novas conferências introdutórias sobre psicanálise* (1933a), intitulada "A questão de uma *Weltanschauung*",[1] Freud a inicia indagando se "a psicanálise conduz a uma determinada *Weltanschauung* e, em caso afirmativo, a qual?". Escreve que esse conceito é "especificamente alemão", mas que vai tentar dar a ele uma definição, ainda que esta esteja "fadada a ser incompleta". E, continuando, diz:

---

1 Traduzida por Sérgio Telles (2006) como "concepção de mundo", In Telles, Sérgio. *Visita às casas de Freud e outras viagens*. São Paulo: Casa do Psicólogo, 2006.

> Em minha opinião, a *Weltanschauung* é uma construção intelectual que soluciona todos os problemas de nossa existência, uniformemente, com base em uma hipótese superior dominante, a qual, por conseguinte, não deixa nenhuma pergunta sem resposta e na qual tudo o que nos interessa encontra seu lugar fixo. Facilmente se compreenderá que a posse de uma *Weltanschauung* desse tipo situa-se entre os desejos ideais dos seres humanos. Acreditando-se nela, pode-se sentir segurança na vida, pode-se saber o que se procura alcançar e como se pode lidar com as emoções e interesses próprios da maneira mais apropriada (Freud, 1933a, pp. 193-194).

Quanto à psicanálise, continua Freud:

> Ela é praticamente incapaz de construir por si mesma uma *Weltanschauung*: tem de aceitar uma *Weltanschauung* científica. A *Weltanschauung* da ciência, porém, já diverge muito de nossa definição [...] Uma *Weltanschauung* como esta é simultaneamente muito pobre, sem esperança, e despreza as reivindicações do intelecto humano e as necessidades da mente do homem [...] A psicanálise tem um direito especial de falar de uma *Weltanschauung* científica [...] de vez que não pode ser acusada de ter negligenciado aquilo que é mental no quadro do universo. Sua contribuição à ciência consiste justamente em ter estendido a pesquisa à área mental (1933a, pp. 193-194).

Adiante, Freud conclui essa conferência resumindo seus principais pontos de vista, conforme referidos anteriormente, e acrescentando:

> Uma *Weltanschauung* erigida sobre a ciência possui, excetuada a sua ênfase no mundo externo real, principalmente traços negativos, tais como a submissão à verdade e a rejeição às ilusões. Todo semelhante nosso que está insatisfeito com essa situação, que exige mais do que isso para seu consolo momentâneo,

> haverá de procurá-lo onde o possa encontrar. Não o levaremos a mal, não podemos ajudá-lo, mas nem podemos, por causa disso, pensar de modo diferente (1933, p. 220).

Para Sérgio Telles (2006), há uma "*Weltanschauung* psicanalítica freudiana", expressa não só nessa 35ª conferência supracitada, mas também nos ditos textos "sociológicos" de Freud. A meu ver, antes que "concepção freudiana de mundo", há na obra de Freud uma concepção de homem, isto é, de ser humano – com suas capacidades de construir, assim como de destruir.

Freud escreveu *A história do movimento psicanalítico* (1914), aos 58 anos, após as primeiras dissenções, sobretudo a de Adler e, em seguida, a de Jung. Seu objetivo claro era reiterar o que é e o que não é psicanálise.

Assim, ele inicia o texto:

> [...] a psicanálise é criação minha [...] Embora de muito tempo para cá eu tenha deixado de ser o único psicanalista existente, acho justo continuar afirmando que ainda hoje ninguém pode saber melhor do que eu o que é a psicanálise, em que ela difere de outras formas de investigação da vida mental, o que deve precisamente ser denominado de psicanálise e o que seria melhor chamar de outro nome qualquer (Freud, 1914, p. 16).

Freud demonstra que os aportes teóricos de Jung "[...] contrariam os princípios fundamentais da psicanálise (e em que pontos os contrariam) e que por essa razão não devem ser conhecidos pelo nome de psicanálise" (1914, p. 63). E, finalmente, relata: "No Congresso de Munique, achei necessário esclarecer essa confusão, e o fiz declarando que não reconhecia as inovações dos suíços como continuações legítimas e desenvolvimentos ulteriores da psicanálise que se originou comigo" (1914, p. 75).

Dez anos se passam e Freud dá sequência a essa história em *Um estudo autobiográfico* (1925d, p. 79), em que faz, como ele diz: "[...] um relato da obra principal de minha vida".

Nesse estudo, Freud relata suas principais descobertas, dando prosseguimento ao trabalho de 1914, referido anteriormente. Afirma que, a partir do complexo de Édipo, "grande número de sugestões me ocorreu" (1925d, p. 90) – referindo-se ao que denominou "aplicações da psicanálise".

Mais dez anos se passam, e Freud, aos 78 anos, inclui um *Pós-escrito* (1935) nesse estudo, revelando que seu interesse "voltou-se para os problemas culturais". Isso, muito embora, como ele próprio relata, "já tentara, em '*Totem e tabu*' (1912-1913), fazer uso dos achados recém-descobertos da análise a fim de investigar as origens da religião e da moralidade" (1925d, p. 90). Então, trata-se de uma investigação e não de uma "aplicação".

No meu entender, Freud investiga a religiosidade e a moralidade, assim como outros aspectos psíquicos do sujeito e do agir humano nas relações do homem consigo mesmo, com os outros e com a realidade. E, como ele afirma: "Esses estudos [...] embora tendo origem na psicanálise, se estendem muito além dela [...]" (1925d, p. 91, grifos meus).

Ainda no referido *Pós-escrito*, ele acrescenta:

> Percebi ainda mais claramente que os fatos da história, as interações entre a natureza humana, o desenvolvimento cultural e os precipitados das experiências primitivas (cujo exemplo mais proeminente é a religião) não passam de um reflexo dos conflitos dinâmicos entre o ego, o id e o superego que a psicanálise estuda no indivíduo – são os mesmíssimos processos repetidos numa fase mais ampla (Freud, 1925d, p. 91).

Reduzir "os fatos da história, as interações entre a natureza humana, o desenvolvimento cultural..." a um "reflexo dos conflitos" psíquicos do sujeito é, a meu ver, inaceitável sem as devidas mediações, uma vez que o objeto de estudo da psicanálise é o inconsciente, e o do materialismo histórico e dialético, por exemplo, é o modo de produção capitalista.

A esse propósito, em *Freud e Lacan. Marx e Freud* (2000), Althusser busca marcar uma clara distinção entre a obra de Freud e a de Marx, a partir de seus diferentes objetos e métodos de estudo. Freud cria a psicanálise, cujo objeto de estudo é o inconsciente, sendo o método psicanalítico o seu método (de estudo); a isso se acresce a especificidade da técnica terapêutica da psicanálise. Marx cria o materialismo histórico e dialético, cujo objeto de estudo é a luta de classes numa dada formação social – a saber, a capitalista.

Walter José Evangelista, professor de filosofia na Universidade Federal de Minas Gerais, na "Introdução crítico-histórica" a dois textos de Althusser – *Freud e Lacan* (1964-1965) e *Marx e Freud* (1976) –, a respeito deste último comenta que para Althusser:

> Enquanto o materialismo histórico elaborou uma teoria das formas histórico-sociais da individualidade humana, ou seja, enquanto para ele, o indivíduo só pode ser sujeito suporte de relações de classe e o individualismo, uma figura específica da ideologia dominante burguesa, a psicanálise elaborou uma teoria da subjetividade, subjetividade esta que só pode ocorrer no indivíduo humano (Althusser, 2000, p. 37).

Assim, segundo Evangelista, a primeira ciência não pode falar da subjetividade individual, por não ser este seu objeto de conhecimento, mas sim das "formas sociais da individualidade". Pela mesma razão, enquanto ciência do inconsciente, a psicanálise só pode falar da "subjetividade individual ou das posições subjetivas face ao social", mas não das formas histórico-sociais da individualidade. Do ponto de vista estrito, o chamado "individualismo" da psicanálise, "nada mais é senão respeito à especificidade do seu objeto de conhecimento – ou seja, o inconsciente, que só ocorre no indivíduo – e que, portanto, um tal 'individualismo' é, na realidade, uma estrutura essencial à sua cientificidade" (Althusser, 2000, p. 38).

Viñar (2002) tem razão ao advertir que:

> Nada mais afastado da realidade nem mais sem sentido, que dar por resolvidas as opacidades que constituem o núcleo do que se quer explorar, neste caso, os nexos e interações entre o que chamamos "psíquico" e o que chamamos "social", que são uma articulação imprescindível, mas cuja opacidade deve-se desvelar. Explorar esta fronteira é imprescindível, mas não é anulando sua dificuldade que progredimos (p. 43, tradução minha).

Ainda segundo o autor:

> O problema, para o psicanalista, é pensar o que genérica e equivocadamente chamamos "o social", isto é, como se articula a pequena história íntima de um sujeito singular e sua novela familiar com as estruturas da cultura (ou da civilização) que produzem a grande história coletiva e a cena política, sempre premente, do presente. Como se geram interdependências e inteligibilidades entre a macro e a micro-história, entre o destino pessoal e o coletivo (Viñar, 2002, p. 99).

Acerca de nosso mundo interno e do campo social que nos cerca, conforme os concebe Piera Aulagnier (2004/1989), trata-se de: "Duas organizações regidas por princípios tão diferentes quanto o são seus objetivos e que deverão, no entanto, conseguir entrar em acordo para que sujeito e mundo possam coabitar, continuar a existir um para o outro" (p. 12).

Isso posto, voltemos ao *Pós-escrito* de Freud acrescentado em 1935 a *Um estudo autobiográfico* (1925d). Considero que, na concepção freudiana de homem, em sua condição humana (expressão que prefiro à de "natureza humana"), as dimensões psíquica e social se interpenetram. Daí o mestre se permitir estender sua concepção de homem à de cultura – e nesta, os grupos, o trabalho, a produção artística, a religião, nos tempos de guerra e paz.

Então, não é que o social possa ser entendido a partir do individual, mas antes, que as paixões humanas então presentes em todas as culturas, nas diferentes formas de governo, nas relações entre os líderes e seus seguidores, em todas as nossas relações mais próximas – o "meio psíquico ambiente" de que fala Aulagnier – e até nas mais distantes com os outros. Sem dúvida, Freud sabia da presença de outros fatores – políticos, econômicos, sociais, culturais, religiosos etc. – nessas relações, mas não poderia contemplá-los por meio do método psicanalítico. Seu objeto de estudo – o inconsciente – jamais foi perdido de vista, fosse ele captar suas manifestações em seus pacientes e pessoas próximas individualmente, nas relações dos indivíduos entre si, com suas produções intelectuais ou artísticas, na sua relação com a realidade material, social, política, econômica, religiosa etc.

A respeito da oposição entre o sistema comunista na Rússia e a propriedade privada do mundo capitalista, Freud afirma, em *O mal-estar na civilização* (1930b), que não está interessado em criticar o sistema comunista, mas, diz ele: "Sou capaz de reconhecer que as premissas psicológicas em que o sistema se baseia são uma ilusão insustentável" (pp. 135-137). Ao que mais adiante acrescenta: "A tentativa de estabelecer tal sistema encontra o seu apoio psicológico na perseguição aos burgueses. Não se pode senão imaginar, com preocupação, sobre o que farão os soviéticos depois que tiverem eliminado seus burgueses" (pp. 135-137).

Ernest Jones, ao expor e comentar a obra de Freud, a separa em distintos capítulos – as "Contribuições técnicas", as "Contribuições clínicas", as "Contribuições teóricas" e o que denomina as "Aplicações não médicas da psicanálise". Esse termo, "aplicações", parece contradizer o que o próprio autor afirma a respeito de *Totem e tabu* (1913), que o método de Freud, ao contrário do de Jung, "consistia em ver até que ponto as firmes conclusões deduzidas de sua experiência analítica direta podiam lançar luz sobre os problemas mais distantes da história humana remota" (Jones, 1989, p. 350). Ademais, segundo o autor, Freud teria se voltado para os aborígenes australianos, no referido trabalho de 1912-1913, em decorrência do caso do pequeno Hans e sua fobia de cavalos. Para Jones, "Freud estava ciente da significação inconsciente de animais e da equiparação totêmica entre eles e a ideia de um pai" (1989, p. 351).

Ora, tanto o sentido de, a partir da clínica, "lançar luz" a problemas sociais distantes dela, quanto o de buscar "semelhanças entre crenças e costumes primitivos e as fantasias inconscientes de seus pacientes neuróticos", como escreve Jones, no meu entender, parecem se opor ao termo "aplicada". Além disso, Freud elabora, reelabora ou elucida muitas noções, ao escrever trabalhos distantes da clínica propriamente dita, como é o caso, por exemplo, de uma psicogênese da homossexualidade masculina, a partir da biografia e obra de Leonardo da Vinci, no campo artístico e científico.

Em 1901, Freud publica *A psicopatologia da vida cotidiana*, que sofreu acréscimos por mais de vinte anos – tanto quanto *A interpretação dos sonhos* (1900) e *Três ensaios sobre a teoria da sexualidade* (1905c) –, em que trata de fenômenos que ocorrem com qualquer pessoa: esquecimentos, lapsos de língua, atos descuidados, superstições e erros.

Conforme a introdução do editor inglês James Strachey: "Não há dúvidas de que Freud tinha predileção especial pelas parapraxias, porque estas, tal qual os sonhos, lhe permitiam estender à vida mental normal as descobertas que antes fizera em conexão com as neuroses" (Freud, 1901, p. 17).Tanto é assim, que Freud dedica quatro conferências às parapraxias em suas *Conferências introdutórias sobre psicanálise* (1916[1915]).

Em *Os chistes e sua relação com o inconsciente* (1905b), Freud analisa o papel que os chistes desempenham, de um lado, em nossa vida mental, e, de outro, como ele afirma:

> Podemos ter também em mente o encanto peculiar e fascinador exercido pelos chistes em nossa sociedade. Um novo chiste age quase como um acontecimento de interesse universal: passa de uma a outra pessoa como se fora a notícia da vitória mais recente (p. 28).

Nesse estudo, Freud afirma que "a aptidão para fazer *chistes* apresenta-se apenas em algumas pessoas, independente de sua disposição" (1905b, p. 204).

E, relacionando os chistes aos sonhos, diz:

> Um sonho é um produto mental completamente associal; nada há nele a comunicar a ninguém; emerge no sujeito como uma solução de compromisso entre as forças mentais, que lutam nele, e permanece ininteligível ao próprio sujeito, sendo por essa razão totalmente desinteressante às outras pessoas [...] Um chiste, por outra parte, é a mais social de todas as funções mentais que objetivam a produção de prazer. Convoca frequentemente três pessoas e sua completação requer a participação de alguém mais no processo mental iniciado. Está, portanto, preso à condição da inteligibilidade [...] Um sonho permanece sendo um desejo, ainda que tornado irreconhecível; um chiste é um jogo desenvolvido [...] Os sonhos servem predominantemente para evitar o desprazer, os chistes para a consecução do prazer; mas para estas duas finalidades convergem todas as nossas atividades mentais (Freud, 1905b, pp. 204-205).

Nesse sentido, e com justa razão, Jean Florence (1994) entende que o trabalho freudiano sobre o chiste "mostra a íntima conexão entre os processos de sublimação e a identificação". E, como o autor bem observa, a identificação é "a condição para a instauração de um elo social", sendo o chiste um "modelo de toda sublimação das pulsões [...]" (1994, pp. 124-125).

Vinte e dois anos após publicar o trabalho sobre os chistes, Freud publica *O humor*, nele afirmando que:

> Como os chistes e o cômico, o humor tem algo de liberador a seu respeito, mas possui também qualquer coisa de grandeza e elevação, que faltam às outras duas maneiras de obter prazer da atividade intelectual. Essa grandeza reside claramente no triunfo do narcisismo, na afirmação vitoriosa da invulnerabilidade do ego (1927c, p. 190).

Mais adiante, Freud completa: "o humor possui uma dignidade que falta completamente, por exemplo, aos chistes, pois estes servem simplesmente para obter uma produção de prazer ou colocar essa produção, que foi obtida, a serviço da agressão" (p. 191).

No meu entender, a sublimação ocupa um lugar central na articulação entre esses trabalhos de Freud que transitam entre o "patológico" e o "normal", assim como entre o "individual" e o "social" (e vice-versa).

A respeito da identificação e da sublimação, depois do trabalho sobre os chistes, vemos que Freud, em *O ego e o id* (1923c), parte da concepção de "ego corporal" – que "deriva das sensações corporais, principalmente das que se originam da superfície do corpo" (p. 40) – e chega à de que "o caráter do ego é um precipitado de catexias objetais abandonadas e que ele contém a história dessas escolhas de objeto" (pp. 43-44).

Nesse percurso da constituição do ego e, mais do que isso, no processo de constituição da psique, necessariamente estão implicados os mecanismos psíquicos da identificação e da sublimação – ambos requerendo necessariamente o outro, isto é, outra(s) pessoa(s).

Quanto à identificação, nesse trabalho de 1923, Freud retoma a noção de identificação com o objeto perdido, na melancolia, dizendo, em *Luto e melancolia* (1917c), que não pôde apreciar a significação plena desse processo, por não saber quão comum e típico ele era. Reitera o que já havia afirmado em *Psicologia de grupo e a análise do ego* (1921), isto é, que, na fase oral primitiva, a catexia de objeto e a identificação são indistinguíveis uma da outra. Posteriormente, Freud generaliza para todo sujeito:

> Quando acontece uma pessoa ter de abandonar um objeto sexual, muito amiúde se segue uma alteração de seu ego que só pode ser descrita como instalação do objeto dentro do ego, tal como ocorre na melancolia [...] Pode ser que essa identificação seja a única condição em que o id pode abandonar os seus objetos (1923c, pp. 43-44).

Nesse percurso, que nada mais é senão o trajeto da história do complexo de Édipo/complexo de castração, para além da constituição do ego, o superego e o ideal de ego se constituem enquanto herdeiros do complexo de Édipo.

Quanto à sublimação, este mecanismo psíquico está absolutamente implicado na transformação da libido objetal em libido narcísica, uma vez que pressupõe "[...] um abandono de objetivos sexuais, uma dessexualização – uma espécie de sublimação, portanto". Freud reflete "se este não será o caminho universal à sublimação, se toda sublimação não se efetua através da mediação do ego, que começa por transformar a libido objetal sexual em narcísica e, depois, talvez, passa a fornecer-lhe outro objetivo" (1923c, p. 44).

Sem falar explicitamente em complexo de Édipo, Freud postula que:

> [...] os efeitos das primeiras identificações efetuadas na mais primitiva infância serão gerais e duradouros. Isto nos conduz de volta à origem do ideal do ego; por trás dele jaz oculta a primeira e mais importante identificação de um indivíduo, a sua identificação com o pai, em sua própria pré-história pessoal.

Em nota de rodapé, Freud adverte que: "Talvez fosse mais seguro dizer 'com os pais', pois antes de uma criança ter chegado ao conhecimento definitivo da diferença entre os sexos, a falta de um pênis, ela não faz distinção de valor entre o pai e a mãe" (1923c, p. 45). Assim, Freud finaliza esta nota de rodapé: "A fim de simplificar minha apresentação, debaterei apenas a identificação com o pai" (1923c, p. 45).

Após discorrer sobre o complexo de Édipo positivo no menino, conclui que "um estudo mais aprofundado geralmente revela o complexo de Édipo mais completo, o qual é dúplice, positivo e negativo [...]" (Freud, 1923c, p. 47). Certamente, isso é válido na constituição psíquica do menino e da menina, identificados que estarão com a mãe e com o pai, em diferentes graus.

Como produto da resolução do complexo de Édipo no menino, surge o superego, a partir de "uma identificação com o pai tomado como modelo. Toda identificação desse tipo tem a natureza de uma dessexualização ou mesmo de uma sublimação" (Freud, 1923c, p. 71).

Na 31ª conferência das *Novas conferências introdutórias sobre psicanálise* (1933a) – intitulada "A dissecção da personalidade psíquica" –, Freud afirma que, na verdade, "[...] o superego de uma criança é, com efeito, construído segundo o modelo não de seus pais, mas do superego de seus pais [...]" (p. 87).

Nesse trabalho, Freud vem definitivamente diferenciar o superego – o veículo, o portador do ideal do ego, cuja função é a auto-observação, a consciência e a manutenção do ideal – do ideal do ego, cuja função é estimular o ego a atingir a perfeição e a servir de instrumento por meio do qual o ego se avalia. Apesar de diferentes, trata-se de duas instâncias psíquicas absolutamente articuladas.

Desde seu trabalho sobre o narcisismo, em 1914, Freud discrimina o ego ideal (objeto do investimento narcísico) do ideal do ego, postulando que este último tem um aspecto individual e um social, constituindo também, "o ideal comum de uma família, uma classe ou uma nação" (p. 119). Quanto ao superego – aqui chamado "agente de censura" ou "consciência" –, sua instituição é, no fundo, "[...] uma personificação, primeiro da crítica dos pais, e, subsequentemente, da sociedade [...]" (p. 113).

Em *Psicologia de grupo e a análise do ego* (1921), Freud condiciona:

> [...] o laço libidinal com outras pessoas a uma limitação do narcisismo, afirmando que: "O amor a si mesmo só conhece uma barreira: o amor pelos outros, o amor por objetos [...] E, no desenvolvimento da humanidade como um todo, do mesmo modo que nos indivíduos, só o amor atua como fator civilizador, no sentido de ocasionar a modificação do egoísmo em altruísmo (pp. 130-131).

Conclui que "a essência de uma formação grupal consiste em novos tipos de laços libidinais entre os membros do grupo" (pp. 130-131).

Segundo Freud, a natureza desses laços sociais pressupõe a identificação, bem como a sublimação das pulsões sexual e destrutiva.

Do "enigma da mulher"[1] ao enigma do homem

No segundo capítulo deste livro, exponho as razões que me levam a concordar com André Green (2004), para quem "o pré-Édipo é uma noção teoricamente insustentável".

Historicamente, após iniciar sua autoanálise no verão de 1897 – sem jamais ter parado de se autoanalisar –, Freud começa a investigar a universalidade do que veio a conceituar como complexo de Édipo, uma das três pedras angulares da psicanálise.

Pode-se considerar que ele dedicou mais de quarenta anos de sua vida à elaboração da teoria acerca do processo de constituição da psicossexualidade masculina e feminina – neste último caso, quando finalmente postula sua especificidade, em *Sexualidade feminina* (1931) e em *Feminilidade* (1933a). Ele chega à tal especificidade após um percurso de dez anos, iniciado com *A organização genital infantil: uma interpolação na teoria da sexualidade* (1923a), tendo sido antecedida por

---

1 Conforme referido por Freud, na 33ª conferência – "Feminilidade" – das *Novas conferências introdutórias sobre psicanálise* (1933a); q.v. o "enigma da feminilidade" à p. 144.

uma concepção de quase-simetria no processo de constituição de ambas as psicossexualidades.

Resumidamente, até antes desta última data, a Freud parecia que o complexo de Édipo do menino lhe era mais claro e, a partir deste, ele deduzia o da menina, *mutatis mutandis*.

No ano de 1923, ele publica, além do trabalho acima referido sobre a organização genital infantil, *O ego e o id* (1923c), em que tece considerações a respeito do complexo de Édipo completo, ou seja, positivo e negativo, no caso do menino e da menina, ainda que foque mais o que ocorre com o menino; e também publica *Uma neurose demoníaca do século XVII* (1923d), trabalho no qual aborda pela primeira e, possivelmente, única vez, no meu entender, a fantasia do menino de dar um filho ao pai. Em que pese a menina perder essa prerrogativa – a meu ver, dado de extrema importância –, Freud não se reporta mais a essa fantasia do menino no restante de sua obra, de acordo com minha leitura. Isso, muito embora ele aborde a fantasia do menino de ser copulado pelo pai, no caso de *O homem dos lobos* (1914-1918), ao qual, em 1923, acrescenta uma nota de rodapé acerca da "cronologia dos eventos mencionados neste caso clínico".

Vou deter-me um pouco nesse último texto de 1923 anteriormente referido, exatamente porque, a meu ver, Freud não fala mais nessa fantasia do menino em relação ao pai. Em seu lugar, aparece como defesa o "repúdio da feminilidade" – comum ao menino e à menina, sendo que nele se manifesta pela enérgica repressão à atitude passiva ou feminina para com outro homem, a começar para com o pai; e na menina, manifesta-se pela inveja do pênis. Na verdade, trata-se, em ambos os casos, de uma atitude frente ao complexo de castração (Freud, 1937).

Mas voltemos ao texto *Uma neurose demoníaca do século XVII* (1923d). Nele, Freud relata que o Dr. Payer-Thurn era diretor da antiga Biblioteca Imperial de Viena, atualmente incluída na Biblioteca Nacional da Áustria, quando descobriu um manuscrito originário do santuário de Mariazell, que ficava cerca de 130km a sudoeste de Viena. Esse manuscrito continha uma descrição pormenorizada da "redenção miraculosa de um pacto com o Demônio, mediante a graça da Santa Virgem Maria". Ao descobrir que se tratava do pintor bávaro Christoph Haizmann, que viveu no século XVII e que fora acometido por crises convulsivas e visões, Payer-Thurn procurou Freud em busca de uma opinião médica sobre o caso.

No manuscrito havia um fragmento do diário do pintor, no qual ele narra que, em 5 de setembro de 1677, quando tinha pouco mais de 30 anos, fora levado a Mariazell para ser examinado em decorrência de suas convulsões, visões, ausências e paralisia das pernas; tais registros estendem-se até 13 de janeiro de 1678, e o pintor falece em 1700.

A partir deste manuscrito, Freud escreve, nos últimos meses de 1922, o referido texto sobre *Uma neurose demoníaca do século XVII*, no qual considera que se tratava de uma neurose histérica do pintor, com traços depressivos, após a morte do pai. Aliás, Freud se reporta indistintamente a: "depressão", "melancolia", "estado depressivo" e "depressão melancólica" (1923d, pp. 102-103).

À luz de suas teorizações da época, Freud interpreta este caso específico de Christoph Haizmann, como se:

> Aquilo contra o que está se rebelando é a sua atitude feminina para com o pai, que culmina pela fantasia de dar-lhe um filho [...] Com o luto do pintor pelo pai perdido e a intensificação de seu anseio por ele, também sucede nele uma reativação de sua fantasia de gravidez há muito tempo reprimida [...] (1923d, p. 115).

Essa passagem parece sugerir que, do ponto de vista metapsicológico, o menino também tem fantasia de gravidez e de dar um filho ao pai.

> A atitude feminina de um menino com o pai sofre repressão tão logo ele compreende que sua rivalidade com uma mulher pelo amor do pai tem, como precondição, a perda de seus próprios órgãos sexuais masculinos – em outras palavras: a castração (1923d, p. 115).

Aqui, talvez, pela primeira e única vez, Freud faz figurar que o temor à castração devido à rivalidade com o pai (no Édipo positivo) é antecedido pelo temor à castração devido à rivalidade com a mãe pelo amor do pai (no Édipo negativo). Freud prossegue: "O repúdio da atitude feminina é, assim, o resultado de uma revolta contra a castração. Ela normalmente encontra sua expressão mais forte na fantasia inversa de castrar o pai, de transformá-lo em mulher" (Freud, 1923d, p. 115).

No outro texto de 1923, anteriormente referido, *A organização genital infantil*, ainda que não fale mais em simetria entre o complexo de Édipo masculino e o feminino, Freud postula que ambos têm como denominador comum a fase fálica – de primazia do falo (e não do pênis). Contudo, confessando desconhecer os processos correspondentes na menina, afirma: "Infelizmente, podemos descrever esse estado de coisas apenas no ponto em que afeta a criança do sexo masculino" (1923d, p. 180).

A seguir, em *A dissolução do complexo de Édipo* (1924a), apesar de reafirmar as mesmas obscuridades e lacunas acerca do complexo de Édipo feminino, inusitadamente o considera "muito mais simples que o do pequeno portador de pênis" (p. 223).

Mas, em seguida, quando Freud articula o complexo de Édipo ao de castração e ambos à fase fálica, tal "simplicidade" volta a turvar-se, contaminando sua compreensão a respeito do complexo de Édipo masculino. "Esquecendo-se" do que acabara de postular acerca do complexo de Édipo completo, ele é levado a supor que, na menina, o complexo de Édipo é uma formação secundária, uma vez que ele teria uma "longa pré-história" – sobre a qual, no caso do menino, ele se confessa "longe da clareza completa" (1925a, pp. 311-313).

É essa suposta "pré-história" que Freud passará a denominar de "fase pré-edípica" ou de "pré-Édipo" – que nada mais é do que a primeira fase do complexo de Édipo, na qual o menino e a menina endereçam seu desejo à mãe fálica, o que se pode considerar, no caso do menino, um Édipo, de certa forma, positivo; e, no caso da menina, um Édipo, de certa forma, negativo. Aliás, o próprio Freud concebe a tal "fase pré-edipiana" das meninas como sendo governada pelo "complexo negativo" (1931, p. 260).

O impasse a respeito da falta de clareza de Freud quanto ao que ocorre nessa fase primordial entre o menino e a mãe (fálica) vai ser aparentemente "solucionado": por um lado, Freud parece "esquecer-se" do que postulara em 1923, a respeito da fantasia do menino de dar um filho ao pai; de outro, idealiza a relação do menino com a mãe, como sendo o relacionamento "mais livre de ambivalência de todos os relacionamentos humanos" (1933a, p. 163).

O fato é que tanto a menina quanto o menino devem renunciar à posse da mãe fálica para acederem respectivamente à feminilidade e à masculinidade – ocasião em que a figura paterna é imprescindível, seja no primeiro caso, como modelo de objeto de escolha, seja no segundo, como objeto de identificação.

Mas, afinal, onde reside o que estou chamando de "enigma do homem"?

Apesar de não ser um verdadeiro enigma para Freud, que já em 1912 dizia que certa extensão da impotência psíquica caracteriza "o amor do homem civilizado" (p. 168), hoje, para mim, constitui-se num enigma constatar que, mesmo com as mudanças na "moral sexual 'civilizada'" – criticada por Freud em 1908 –, inúmeros são os casos de impotência sexual, de ejaculação precoce, de presença de componentes perversos – como a preferência quase exclusiva por relação anal, os impulsos sádicos e os "componentes pulsionais coprófilos" (Freud, 1912, p. 172) –, em relações heterossexuais.

Tais incidências no comportamento sexual masculino têm me conduzido a refletir sobre o "repúdio da feminilidade", a que Freud se refere em *Análise terminável e interminável* (1937). Conforme anteriormente referido neste trabalho, ele entende que tal "repúdio", no homem, manifesta-se pela "luta contra sua atitude passiva ou feminina para com outro homem", enquanto que, na mulher, manifesta-se pela "inveja do pênis" – sendo ambas uma "atitude para com o complexo de castração". Acrescenta que: "Nos homens, o esforço por ser masculino é completamente egossintônico desde o início; a atitude passiva, de uma vez que pressupõe uma aceitação da castração, é energicamente reprimida, e amiúde sua presença só é indicada por supercompensações excessivas" (1937, p. 285).

Talvez, dentre tais "supercompensações excessivas", esteja o "repúdio da feminilidade" não somente de si, mas também da companheira. Daí o horror de se deparar com a vagina!

Inusitadamente, é no texto sobre *Sexualidade feminina* (1931) que Freud tece uma consideração sobre a sexualidade masculina digna de nota: "Uma das coisas que remanesce, nos homens, da influência do complexo de Édipo, é um certo desprezo em sua atitude para com as mulheres, a quem encaram como castradas" (p. 263).

Ora, deve ser, no mínimo, sinal de patologia o fato de um homem encarar uma mulher como castrada, pois isso significa que ele não superou a fantasia infantil de castração, a qual é erigida pelas crianças para darem conta do significado da diferença sexual anatômica – o qual lhes é inacessível nos primeiros anos da infância.

Será que aqui reside a raiz do que chamei anteriormente de "horror à vagina", manifestado por muitos homens que, preferencialmente, impõem à mulher relação sexual anal, a fim de obterem prazer?

Nesse mesmo texto de 1931, Freud assim completa o seu pensamento acerca da sexualidade masculina: "Nos casos extremos, isso dá origem a uma inibição em sua escolha de objeto e, se apoiado por fatores orgânicos, ao homossexualismo exclusivo" (p. 264).

Felizmente, a criminalidade é exceção e não regra. Contudo, são de chamar a atenção os crimes sexuais praticados não só, mas principalmente, por homens – o que não é apanágio dos miseráveis e ignorantes –, como é o caso da pedofilia, do estupro e dos abusos sexuais nas instituições totais, assim como no âmbito doméstico. A meu ver, essa triste realidade revela que, apesar da "liberação sexual", hoje, psiquicamente o homem não superou a cisão entre o casar com "mamãe", a virgem, e o "transar com a puta".

Ainda é este o homem "civilizado" do século XXI?

Freud cunhou de "moral sexual 'civilizada'" o terceiro estádio da civilização, no qual só a "reprodução *legítima*" era admitida como meta sexual, estádio este antecedido por um primeiro, em que a pulsão sexual podia manifestar-se livremente sem que fossem consideradas as "metas de reprodução", e um segundo, em que toda pulsão sexual era suprimida, exceto quando servia ao "objetivo da reprodução" (1908a, p. 194).

Dita "reprodução legítima" era a que decorria da atividade sexual realizada dentro do "matrimônio legítimo" (1908a, p. 197). Portanto, a moral subjacente ao terceiro estádio da civilização requeria de homens e mulheres "abstinência sexual", ou melhor, "abstinência até o casamento" (p. 198). Mas, mesmo dentro do casamento, dita moral restringia as relações sexuais aos "atos procriadores" (p. 199) e, assim, se estabelecia a "moral sexual 'dupla'" (p. 200) – a qual era válida para os homens, cabendo como uma luva à constituição psíquica masculina predominante, que se caracterizava (ou se caracteriza?) pela cisão entre afetividade e erotismo.

Isso significava que à esposa "santa" (protótipo materno), a ser respeitada e amada, devotava-se o afeto, e à amante, com quem o homem tinha prazer sexual, o erotismo. Então, a essa constituição psíquica masculina correspondiam: a exigência social de o homem chegar ao casamento com uma mulher casta, mas tendo tido antes provado sua "masculinidade com outras mulheres" – o que só poderia se realizar com prostitutas, uma vez que a esposa, mãe de seus filhos, deveria casar-se virgem; e, após o casamento, a permissão social de infidelidade conjugal – para o homem.

Em *Um tipo especial de escolha de objeto feita pelos homens (Contribuições à psicologia do amor I)*, de 1910, Freud inclui, dentre outras "condições necessárias ao amor", do ponto de vista do homem, o valor da mulher, que era aferido por sua "integridade sexual", sendo o que ocorria no "amor normal" – cujo objeto de escolha pelo homem era "o protótipo materno" (1910d, pp. 151-152).

Freud atribui à falha na combinação entre a corrente afetiva e a corrente sensual da sexualidade masculina a dicotomia realizada pelo homem entre a mulher esposa, que se ama e se respeita, e a mulher que se deseja, em cuja relação podem entrar os "componentes perversos em seus objetivos sexuais, os quais não ousa satisfazer com a mulher que ele respeita" (1912, p. 168). Trata-se de pessoas que: "quando amam, não desejam, e quando desejam, não podem amar" (p. 166). Claro está que, no primeiro caso, está a esposa (protótipo materno), e no segundo, a(s) amante(s).

No mundo ocidental de hoje, a moral sexual dita civilizada mudou, no sentido de que, por exemplo, não se requer mais da mulher a virgindade até o casamento, assim como não se requer mais do homem ter experiências sexuais com prostitutas antes do casamento; é aceito que tanto o homem quanto a mulher cheguem (ou não) ao casamento tendo tido antes experiência sexual com o/a parceiro/a; a sexualidade, antes e após o casamento ou fora dele, não se restringe mais à finalidade procriativa.

Suponho que a concepção psicanalítica freudiana da sexualidade humana tenha contribuído muito para tais avanços. Contudo, apesar dessas mudanças, a meu ver, bem-vindas, nem por isso resolveram-se os problemas relativos à sexualidade, tanto no nível individual quanto no social.

Isso demonstra, ao contrário das teses de Wilhelm Reich, que a repressão social à sexualidade pouco efeito tem sobre a constituição psicossexual do sujeito, a qual depende fundamentalmente de sua história libidinal e identificatória e do modo como resolveu seu complexo de Édipo, assumindo (ou não, ou assumindo mais ou menos) a castração simbólica.

Para mim, essa é a teoria psicanalítica legada por Freud que ainda vigora, por mais que seus detratores a considerem ultrapassada e "fora de moda" – mas que nada puseram no lugar enquanto sua superação. Sem a teoria freudiana, simplesmente não há como explicar, nos dias atuais, a coexistência dos avanços sociais em termos de mentalidade e da persistência de problemas relativos à sexualidade – tanto no nível individual quanto no social, com o aviltamento da pessoa humana por meio do uso perverso da sexualidade. Sabemos que, para Freud (1924d, p. 204), o "sadismo propriamente dito" – pulsão destrutiva, de domínio ou vontade de poder – é o *quantum* de libido que, no encontro com a pulsão de morte, é desviado para fora, no sentido de objetos do mundo externo.

Aqui, não se trata mais de cisão entre a corrente afetiva e a corrente sensual da sexualidade, mas de toda anulação quer da afetividade, quer da sensualidade, em proveito único e exclusivamente de Thánatos. Por mais prazer que sinta o pedófilo ou o estuprador ou o torturador, que vitimiza sexualmente seja uma mulher, seja um homem, esse prazer não provém de Eros, mas, sim, de Thánatos!

Ainda que possa haver uma mulher pedófila ou torturadora, difícil é imaginar uma mulher estupradora. Portanto, todos esses referidos desvios de uma sexualidade erótica e terna dizem mais respeito à sexualidade masculina, ao que estou chamando de "enigma do homem", em plena aurora do século XXI!

Esse fato remete-me a 1905, quando Freud publica pela primeira vez seus *Três ensaios sobre a teoria da sexualidade*, em que aborda, no primeiro capítulo, as "aberrações sexuais". Aqui, postula que: "A história da civilização humana mostra sem qualquer dúvida que há conexão íntima entre crueldade e pulsão sexual [...]" (1905c, p. 161). Considera que: "A sexualidade da maioria dos seres humanos masculinos contém um elemento de *agressividade* – um desejo de subjugar" (p. 159).

Freud introduz a noção de "instintos componentes", que desempenham papel proeminente como fatores na formação dos sintomas neuróticos, os quais, em sua maior parte, surgem como pares de opostos e desencadeiam novos objetivos sexuais: "o instinto escopofílico e o exibicionista e as formas passiva e ativa do instinto de crueldade". Em relação a este último, Freud considera que sua contribuição é essencial "para o entendimento do fato de que os sintomas envolvem *sofrimento*, e ele [o instinto de crueldade] quase invariavelmente domina uma parte do comportamento social do paciente" (1905c, p. 169). Entende que é por meio dessa conexão entre libido e crueldade que ocorre a transformação do amor em ódio, bem como a dos impulsos de ternura em hostis. A excitação sexual também pode surgir "como uma expressão de certos 'instintos' (tais como o instinto escopofílico e o instinto de crueldade) [...]" (p. 206).

Na conferência "Começo de uma história de enfermidade", que Freud profere na Sociedade Psicanalítica de Viena, em 6 de novembro de 1907, declara que se pode qualificar "este componente cruel de 'masculino'; ele é, entretanto, o mesmo entre as mulheres" (Numberg & Federn, 1976, p. 248).

Retornando aos *Três ensaios sobre a teoria da sexualidade* (1905c), Freud postula que o sadismo e o masoquismo constituem "a mais comum e a mais significativa de todas as perversões – o desejo de infligir dor no objeto sexual, e seu inverso [...]" (p. 159). Atribui a Krafft-Ebing os termos "sadismo" e "masoquismo" para suas formas ativa e passiva respectivamente – autor que dá proeminência ao prazer sob qualquer forma de humilhação ou sujeição; enquanto outros, como Schrenck-Notzing, dá ênfase ao prazer na dor e à crueldade. Freud completa que, nestes últimos casos, a pele assume o papel de zona erógena por excelência, enquanto que, na escopofilia e no exibicionismo, é o olho que corresponde a uma zona erógena.

Enquanto objetivo sexual exclusivo, no caso da sodomia, isto é, de uma "conjunção sexual anal" – o que é uma perversão –, temos que: no caso de se tratar de um homem e uma mulher, tal perversão é um dos desvios relativos ao objetivo sexual, ou seja, ao ato a que a pulsão sexual e/ou a de crueldade conduz. No caso de se tratar de dois homens, além de ser um desvio de objetivo, é, antes de mais nada, um dos desvios relativos ao objeto sexual, ou seja, à pessoa de quem procede a atração sexual, que, neste caso, trata-se de dois sujeitos de mesmo sexo.

Sem comprometer-me com as "teses" que Didier Dumas (1990, pp. 214-218) defende acerca da sexualidade masculina, cito-o pontualmente no que diz respeito à sodomia.

De acordo com o autor, a mulher pode sublimar sua analidade infantil na gravidez – ao dar forma ao corpo do bebê e depois, dá-lo à luz no nascimento. A partir daí, conclui que: "Portanto, o homem não pode sublimar sua analidade de criança, senão na possessão do corpo da mulher. Seu prazer será então o de dominá-la, de possuí-la, de apropriar--se de seu corpo como prova de seu poder" (Dumas, 1990, pp. 214-218).

Que esse "poder" se expresse pela penetração vaginal é, no mínimo, um requisito para a concepção! A não ser que se trate de um prazer preliminar compartilhado pelos dois parceiros, o coito anal é uma perversão! Isso é salientado por Laplanche e Pontalis (1985) no verbete "perversão", que os autores concebem psicanaliticamente como um "desvio em relação ao ato sexual 'normal', definido este como coito que visa a obtenção do orgasmo por penetração genital, com uma pessoa do sexo oposto".

Dumas (1990, pp. 214-218) considera que:

> O prazer que prende o homem à sodomia é proporcional à maneira como a mãe tomou precocemente posse do ânus de seu filho. Abusivo, o uso de lavagens ou de supositórios é sempre vivido, nas fantasias da criança, como um prazer que ela busca em sua mãe.

Aqui residiriam as raízes que, na idade adulta, levariam o homem a sodomizar na relação com uma mulher, e esta a fazer-se sodomizar. Isso porque, conforme o autor supõe, "o prazer anal tem para a mulher um estatuto semelhante ao prazer clitoridiano" – embora ele reconheça que: "Entretanto, o clitóris e o ânus não são comparáveis. O prazer clitoridiano é independente do pênis. O que visa o ânus não o é" (pp. 214-218).

Como toda perversão, a sodomia – ativa e passiva – revela tanto um reconhecimento da distinção anatômica entre os sexos quanto uma recusa da castração feminina, a começar pela castração materna.

Minha hipótese é a de que, dada a suposta dificuldade do homem de sublimar sua analidade infantil, conforme postula

Dumas (1990, pp. 214-218), isso pode favorecer a reversão da libido ao contrário: o desejo de ser penetrado analmente pelo fantasma do pênis da mãe fálica e depois, pelo do pai, transforma-se em desejo de penetrar analmente uma mulher. Tal hipótese é válida no contexto de uma relação heterossexual, a qual impõe uma limitação à circularidade possível numa relação homossexual, ou seja, penetrar e ser penetrado analmente.

A clínica tem revelado que, numa relação heterossexual, o prazer buscado na sodomia é mais uma busca do homem do que da mulher. Por isso, suponho que ele persiga o seu prazer – antes que o dela –, ao dominá-la, penetrando-a analmente, e, muitas vezes, infligindo-lhe dor, o que vem revelar a presença de componentes sádicos.

Em *As transformações do instinto exemplificadas no erotismo anal* (1917a), Freud afirma que "no desenvolvimento da libido no homem, a fase da primazia genital deve ser precedida por uma 'organização pré-genital', na qual o sadismo e o erotismo anal desempenham os principais papéis". De modo incompreensível para o leitor, sem se reportar às fontes psíquicas do erotismo anal, Freud registra apenas que "as fontes orgânicas do erotismo anal não podem, certamente, ser enterradas como resultado da emergência da organização genital" (pp. 159-160).

Isso parece querer dizer que, no homem, o erotismo anal não sucumbe ao recalcamento. Sendo assim, não pode sublimá-lo como a mulher o sublima – no final da infância, após a resolução edipiana, e não como supõe Dumas (1990), na gravidez.

Em boa hora chega às minhas mãos uma reflexão feita pelo psicanalista Contardo Calligaris (2009): "Faz décadas que a masculinidade está doente: sofre de uma incerteza aguda sobre o que a demonstraria de maneira irrefutável. As máscaras masculinas herdadas do século XIX (do provedor de paletó ao garimpeiro) não bastam mais. Qual é a nova fronteira que é preciso desbravar para 'ser' homem?" (p. E13).

Calligaris propriamente não responde essa questão nesse artigo. Mas, ao ser entrevistado pela revista *Veja*, frente à questão da repórter Juliana Linhares, "Dá para dizer, afinal, o que os homens querem?", o psicanalista lhe responde: "A queixa dos homens é que, agora, elas [suas companheiras] não têm mais tempo para eles. Que não cuidam mais deles. *E a verdade é que eles querem muito ser cuidados*" (2009, p. 21).

Por incrível que pareça, deparo-me espantada com a atualidade da afirmação de Freud, feita na conferência referida no título deste ensaio: "Um casamento não se torna seguro enquanto a esposa não conseguir tornar seu marido também seu filho, e agir com relação a ele como mãe" (1933a, p. 164).

Declaradamente, Freud atribui a responsabilidade por um "casamento seguro" à "esposa" – ela é quem deve "conseguir tornar seu marido também seu filho".

No entanto, dezoito anos antes de proferir essa conferência sobre a *Feminilidade* (1933a), Freud publicou seu estudo *Sobre o narcisismo: uma introdução* (1914/1983), no qual ele afirma que: "O amor objetal completo do tipo de ligação é, propriamente falando, característico do indivíduo do sexo masculino" (p. 107). Sendo assim, segundo esse tipo de escolha de objeto, um homem ama uma mulher conforme o modelo daquela que, um dia, o alimentou, ou seja, a sua mãe. Penso que, aqui, a escolha se torna de responsabilidade dele, o homem.

Hoje, seu pesar é por que não encontra mais alguém parecida com a mãe? Precisa de uma proteção materna? Ou, conforme suponho, precisa de um pai, que lhe sirva de modelo de identificação masculina?

A transferência

Freud falou em "transferência" (*Übertragung*), desde *A psicoterapia da histeria* – trabalho de sua autoria, incluído nos *Estudos sobre a histeria* (1895a), que ele escreveu com Breuer, em 1893-1895 (1987) – até seu derradeiro trabalho, postumamente publicado, *Esboço de psicanálise* (1940).

Mas, apesar de ter falado sobre "transferência" durante mais de quarenta anos, ao criar esse novo campo do saber, que é a psicanálise, é só depois de trinta anos que Freud alça a "transferência" para ocupar o lugar de uma das três pedras angulares da psicanálise, ao lado do inconsciente/sexualidade e do recalque/resistência, em *Psicanálise* (1926c).

No meu entender, tal adiamento deve ter ocorrido em função do fato de que é só em 1924, em *A dissolução do complexo de Édipo* (1924a), que Freud compreende que, mais do que uma "falsa ligação",[1] os sentimentos ambivalentes de amor e ódio transferidos para o analista decorriam dos protótipos

1 É quando, ao utilizar o termo transferência pela primeira vez, na referida obra de 1893-1895, Freud afirma que "a transferência ao médico verifica-se através de uma *falsa ligação*", p. 360, em itálico no original.

infantis da relação do sujeito com seus pais no complexo de Édipo completo, que, articulado ao complexo de castração, sucumbira ao recalcamento, quando de sua resolução no final da infância.

Essa é a trama que, por meio da transferência, a análise visa a desvendar, a fim de tornar consciente o recalcado no inconsciente e, assim, remover o sintoma causado por falha no recalcamento dos desejos incestuosos e homicidas dirigidos aos pais e que foram interditados.

Muitos dirão: isso é o que ocorre na análise das neuroses, mas não na das patologias ditas narcísicas nem na das psicoses!

A esse respeito, voltemos aos ensinamentos de Freud.

Na 27ª conferência – intitulada "Transferência" – das *Conferências introdutórias sobre psicanálise* (1917b), Freud reitera seus pontos de vista já estabelecidos até então a respeito da transferência ao analista, primeiro, de sentimentos positivos, que já estão presentes desde o início da análise – sendo "o mais poderoso instrumento de seu progresso" (p. 516) –, e depois, dos negativos.

Tais sentimentos se transformam em resistência sob duas condições: frente a uma intensa inclinação amorosa ou hostil. Segundo Freud, para superar a resistência e voltar a tornar a transferência no melhor instrumento da análise, o analista deve mostrar ao paciente "[...] que seus sentimentos não se originam da situação atual e não se aplicam à pessoa do médico, mas sim que eles estão repetindo algo que lhe aconteceu anteriormente" (1917b, p. 517). Desse modo, diz Freud, "obrigamo-lo a transformar a repetição em lembrança" (p. 517).

Freud reconhece que, nas "neuroses de transferência" (que, na época, abrangiam a histeria, a histeria de angústia e a neurose obsessiva), a transferência possui "importância extraordinária e, para o tratamento, importância positivamente central", enquanto que, nas "neuroses narcísicas" (que, na época, abrangiam a melancolia, a paranoia e a demência precoce), os esforços analíticos não têm êxito. Freud atribui tal insucesso à falta de capacidade desses sujeitos para a transferência, dizendo: "Eles rejeitam o médico, não com hostilidade, mas com indiferença" (1917b, pp. 518-520).

A esse obstáculo se acresce o que Freud veio a denominar "compulsão à repetição" e que pode ocorrer em qualquer análise e fora dela. Em *Além do princípio de prazer* (1920a), descobre que tal compulsão sobrepuja o princípio de prazer, dificultando o processo analítico. Na transferência, o paciente comporta-se de modo puramente infantil e, assim, diz Freud, "nos mostra que os traços de memória reprimidos de suas experiências primevas não se encontram presentes nele em estado de sujeição, mostrando-se elas, na verdade, em certo sentido, incapazes de obedecer ao processo secundário" (p. 53).

Em *Neurose e psicose* (1924c), Freud discrimina os conflitos psíquicos e suas principais defesas: nas neuroses de transferência (histeria, fobia e neurose obsessiva), o conflito reside entre o ego e o id, e o ego se defende recorrendo, sobretudo, ao recalque (*Verdrängung*); nas psicoses (esquizofrenia e paranoia), o conflito instaura-se entre o ego e a realidade, e o ego se defende por meio da recusa da realidade (*Verleugnung*).[2] A partir desse texto, o termo "neurose narcísica" passa a designar apenas a melancolia, localizada entre as neuroses de transferência e as psicoses.

Na melancolia e no masoquismo moral, o conflito jaz entre o ego e o superego. Diversamente da interpretação lacaniana, a meu ver, Freud não chega a nomear um mecanismo de defesa específico no caso dessas afecções. Mas, quando alça o fetichismo ao protótipo das perversões, permite-nos

---

2 De acordo com Luiz Alberto Hanns (1996), este termo é um dos sentidos de negação, sendo que o outro é *Verneinung*, que significa denegação; o autor atribui à "influência da nomenclatura lacaniana" a tradução de *Verwerfung* por forclusão – mecanismo de defesa específico das psicoses.

supor, também com base na analista freudiana Piera Aulagnier, uma dupla defesa. Explico: o fetichista, segundo Freud, reconhece e, ao mesmo tempo, recusa a castração feminina, a começar pela castração da mãe, e se defende por meio do recalcamento do afeto ligado à ideia de castração (como nas neuroses de transferência) e da recusa da realidade da castração (como nas psicoses). Aulagnier localiza as perversões na potencialidade polimorfa, na qual o conflito identificatório é duplo: no interior do Eu (como nas psicoses) e entre o Eu e os ideais (como nas neuroses); é aqui também que eu localizo o que denomino potencialidade melancólica, e o que Freud chama de masoquismo moral.

Em *Fetichismo* (1927a), a partir da análise de um certo número de homens fetichistas, Freud faz a seguinte observação:

> Não é preciso esperar que essas pessoas venham à análise por causa de seu fetiche, pois, embora, sem dúvida, ele seja reconhecido por seus adeptos como uma anormalidade, raramente é sentido por eles como o sintoma de uma doença que se faça acompanhar por sofrimento (p. 179).

Portanto, em geral, o fetiche aparece na análise como uma descoberta subsidiária, diz Freud.

Podemos concluir que nenhum perverso demande análise, tendo sua perversão – fonte de seu prazer – como queixa; não é disso que ele quer se curar. A análise torna-se possível, desde que o analista se contente em atenuar o sofrimento psíquico do sujeito decorrente de outros conflitos que ele possa ter consigo mesmo, com os outros e com a realidade.

Em *O problema econômico do masoquismo* (1924d), do ponto de vista psicopagológico, Freud inclui no que ele chama de masoquismo feminino: os "pervertidos masoquistas", "indivíduos masoquistas – e, portanto, amiúde impotentes" (p. 202). Em seguida, acrescenta o "sadismo propriamente dito" (p. 204).

Tendo afrouxado sua vinculação com a sexualidade, o masoquismo moral é concebido por Freud como "a forma patológica extrema e inequívoca" do masoquista, no qual o sentimento inconsciente de culpa ou a necessidade inconsciente de punição e a consequente reação terapêutica negativa – devido à forte presença da pulsão de morte – constituem "uma das mais sérias resistências e o maior perigo ao sucesso" da análise (1924d, p. 207).

Quanto à análise das psicoses, em *A perda da realidade na neurose e na psicose* (1924b), Freud limita-se a delegar ao "estudo psiquiátrico especializado" a tarefa, "ainda não empreendida", diz ele, de elucidar os diversos mecanismos que, "nas psicoses, são projetados para afastar o indivíduo da realidade para reconstruir esta última [...]" (p. 232).

Em *Análise terminável e interminável* (1937), Freud estabelece como finalidade da análise o amansamento das pulsões de modo a se harmonizarem com o ego, condicionando o seu término – que é o desejável – à força das pulsões de vida e a uma alteração não desfavorável do ego; caso contrário, pode-se ter uma análise interminável.

Passados mais de trinta anos, temos hoje as contribuições contemporâneas de Piera Aulagnier ao legado freudiano.

Com vasta experiência na análise de psicóticos, Aulagnier constata os obstáculos que o Eu do sujeito encontra no exercício de suas funções, que são: pensar e investir. Mas, para ela, não é a ausência de transferência, mas antes, sua presença maciça, que pode dificultar ou mesmo impossibilitar o trabalho da análise.

Aulagnier entende o conflito psicótico como um conflito identificatório alojado no interior do Eu, entre suas duas dimensões: a identificada e a identificante. Apesar de considerar que as psicoses se devem a vários acidentes de percurso, para a autora, o Eu daquele que se tornará psicótico sofreu sua primeira fratura no momento de seu advir, no estádio do espelho. Mas, mesmo antes de o bebê nascer, muito frequentemente, ele foi fruto de um não desejo (materno, de modo prevalente), isto é, não foi pré-enunciado e pré-investido, a começar pela mãe, como um sujeito autônomo e singular, diferente da mãe e do bebê que, um dia, ela desejou receber de seu pai, ou mais regressivamente, de sua mãe. Por isso, Aulagnier (1975/1979) conclui que o psicótico foi intoleravelmente frustrado de uma significação, a qual diz respeito às origens do sujeito, do prazer, do desprazer e do mundo.

De acordo com Aulagnier, sempre levado à análise por outrem, o psicótico coloca transferencialmente o analista não no lugar do suposto saber a quem ele demanda análise, mas, inversamente, no lugar do demandante frente ao qual o sujeito revive um estado de falta total ou de negação de toda necessidade: veredito de não existência, de exclusão radical do analista.

Para que a relação se torne analítica, diz Aulagnier (1984/1989), é necessário que o sujeito seja convencido de que "esse lugar do espaço e esse fragmento de tempo que lhe propomos não estão marcados por essa *mesmice* que caracteriza sua relação com a categoria do tempo e do espaço" (p. 203).

Acerca da "contratransferência", Aulagnier (1984/1989) revela que, por meio de sua experiência de dar supervisão e de retomar em análise alguns de seus ex-pacientes que se tornaram analistas, ficou espantada com a confusão presente entre a problemática destes profissionais e a de seus respectivos pacientes, ao escutar os primeiros a falarem sobre sua suposta "contratransferência" – o que, a seu ver, não passava do que um kleiniano chamaria de "identificação projetiva" (pp. 23-25).

Freud fala em contratransferência pela primeira vez (e, talvez, última), em 1910, em *As perspectivas futuras da terapêutica psicanalítica*, ao afirmar: "Tornamo-nos cientes da 'contratransferência', que, nele [médico] surge como resultado da influência do paciente sobre os seus sentimentos inconscientes e estamos inclinados a insistir que ele reconhecerá a contratransferência, em si mesmo, e a sobrepujará". E Freud adverte: "Notamos que nenhum psicanalista avança além do quanto permitem seus próprios complexos e resistências internas [...]" (1910a, p. 130). Freud faz mais uma referência a essa noção em *Observações sobre o amor transferencial* (1915c).

Em Laplanche e Pontalis (1985), lemos a confirmação acerca da raridade de vezes que Freud teria se reportado à "contratransferência" – definida pelos autores como o "conjunto das reações inconscientes do analista à pessoa do analisando e mais particularmente à transferência deste".

Conclui-se que, se o fenômeno é inconsciente para o analista, não há como utilizá-lo de imediato na situação analítica, junto ao paciente – seja ele criança, adolescente ou adulto. Lembremos de que foi só após um longo percurso em sua autoanálise que Freud descobriu o motivo que o desagradava de ser posto pelo paciente no lugar de mãe.

Se entendermos freudianamente o que é "contratransferência", ela não está disponível ao analista a qualquer momento, no aqui e agora da sessão.

Tal compreensão diverge da dos analistas ingleses: tanto as discípulas de Melanie Klein, como Paula Heimann, que escreveu sobre a contratransferência, em 1950, e Hanna Segal, quanto os ex-discípulos de Klein, como Bion e Winnicott. Estes escrevem que revelam aos seus pacientes seus "sentimentos" – e, portanto, conscientes – de agrado e de desagrado, no decorrer da sessão.

Parte dois

Da psicopatologia

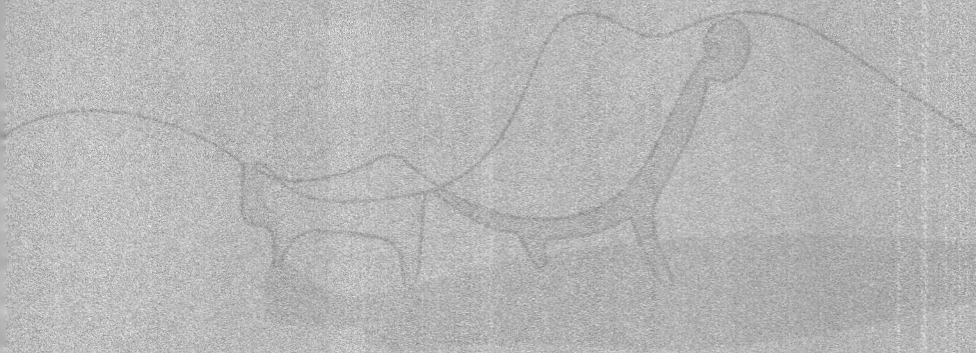

O dilema da histérica

> "[...] *nada travava a minha vontade, pensava. Não negava a minha feminilidade; não a assumia tampouco. Não pensava nela. Tinha as mesmas liberdades e as mesmas responsabilidades que os homens. A maldição que pesa sobre a maior parte das mulheres – a dependência – foi-me poupada. Ganhar a vida não é em si um fim; mas somente assim se alcança uma sólida autonomia interior*".
> Simone de Beauvoir (1984)

Freud dedicou a maior parte de sua vida, ou seja, quarenta e seis anos – tendo falecido aos 83 anos – à elaboração da teoria psicanalítica, que postula que o complexo de Édipo, articulado ao de castração, é o complexo nuclear da constituição psíquica do sujeito. Sobre isso, Freud acrescenta, em 1920, uma nota de rodapé, aos seus *Três ensaios sobre a teoria da sexualidade* (1905c), afirmando:

> Todos os que nascem neste planeta veem-se ante a tarefa de dominar o complexo de Édipo [...] Com o progresso dos estudos psicanalíticos, a importância do complexo de Édipo tornou-se cada vez mais claramente evidente; **seu reconhecimento tornou-se a senha que distingue os adeptos da psicanálise de seus oponentes** (p. 233, negrito meu).

Retrocedendo no tempo, temos que, data provavelmente de 1892, o *Rascunho A de Freud a Fliess*, no qual ele afirma, pela primeira vez, que, entre os fatores etiológicos das neuroses, encontram-se "traumas sexuais antes da idade de compreender" (1950, p. 247).

Mas, é só em 1896, em *Novos comentários sobre as neuropsicoses de defesa*, que Freud escreve textualmente que esses "traumas sexuais" decorrem da "irritação real dos genitais (por processos semelhantes à copulação)" (1896a, p. 188).

Essa é a "teoria traumática das neuroses", por Freud chamada de sua "*neurotica*", cuja vida efêmera de cinco anos termina com a famosa e tão mal-entendida declaração, em carta a Fliess, de 21 de setembro de 1897: "não acredito mais em minha *neurotica*" (Masson, 1986, p. 265). Tal destituição da validade dessa teoria ocorre após Freud haver iniciado sua autoanálise, no verão daquele ano, por meio da qual descobriu nele mesmo afetos de amor e ódio dirigidos aos pais, o que o levou a dar novo sentido aos mesmos afetos e fantasias de seus pacientes, remetendo-o, por associação, ao mito de Édipo – de modo a universalizar o "complexo de Édipo".

Assim sendo, diferentemente de Jung, Freud não partiu de mito algum para elaborar nem esta e nem outras de suas teorias e, muito menos, para vir a propor o complexo de Édipo como uma das três pedras angulares da psicanálise – junto com a sexualidade/inconsciente, com o recalcamento/resistência e com a transferência.

Tornou-se anedótica a ideia de que Freud não entendeu a sexualidade feminina, ou melhor, o processo pelo qual a menininha torna-se mulher – que, na verdade, era o seu objetivo, assim como compreender o processo pelo qual o menininho torna-se homem. A meu ver, em ambos os casos, ele entendeu, e muito!

No entanto, só tardiamente, em 1931, Freud dedica um estudo específico sobre a *Sexualidade feminina*, não mais deduzindo o complexo de Édipo feminino a partir do masculino – suposta simetria que ele abandona a partir de *A organização genital infantil* (1923a), trabalho seguido por *A dissolução do complexo de Édipo* (1924a) e *Algumas consequências psíquicas da distinção anatômica entre os sexos* (1925a).

Neste mesmo ano de 1925, Freud escreve *Inibições, sintomas e ansiedade*, trabalho no qual afirma que:

> Cada período da vida do indivíduo tem seu determinante apropriado de ansiedade. Assim, o perigo de desamparo psíquico é apropriado ao período de vida quando o ego do indivíduo é imaturo; o perigo da perda de objeto, até a primeira infância, quando ele ainda se acha na dependência de outros; o perigo de castração, até a fase fálica; e o medo do seu superego, até o período de latência (1926b, p. 166).

Acrescenta que a angústia de castração é "a única força motora dos processos defensivos que conduzem à neurose" (1926b, p. 167).

Freud reitera essas mesmas ideias em "Ansiedade e vida instintual", na 32ª conferência das *Novas conferências introdutórias sobre a psicanálise* (1933a, p. 111). Em ambos os trabalhos, reafirma o que já postulara: que todas essas situações de perigo e determinantes de ansiedade podem coexistir e "fazer com que o ego a elas reaja com ansiedade num período ulterior ao apropriado; ou, além disso, várias delas podem entrar em ação ao mesmo tempo" (1926b, p. 166).

Na citada conferência de 1932, Freud acrescenta uma observação: "Muitas pessoas são incapazes de superar o temor da perda do amor" (1933a, p. 110-111). E reitera que, apesar de homens e mulheres terem um complexo de castração, nelas, "o temor à perda do amor" – equivalente ao temor de castração nos homens – é um motivo para a repressão.

Assim sendo, no caso da histérica, tendo recalcada a ideia de "perda do amor", seu retorno pode manifestar-se por um aparente desdém ou independência do amor, contrariando o que Freud postulara acerca das mulheres – que "sua necessidade não se acha na direção de amar, mas de serem amadas" (1914/1983, p. 105).

É com surpresa que Freud descobre, em *Sexualidade feminina* (1931), o que veio a denominar "fase pré-edipiana" – a meu ver, indevidamente, pois ele mesmo reconhece que se trata de uma fase de ligação com a mãe, que, no caso da menina, é governada pelo "complexo negativo" –, a qual comporta "todas as fixações e repressões a que podemos remontar a origem das neuroses". Considera que esta "fase de ligação com a mãe está especialmente relacionada à etiologia da histeria" (pp. 260-261).

Como bem definem Laplanche e Pontalis (1985), na histeria, o conflito edípico se desenrola sobretudo nos registros libidinais oral e fálico.

Em *Feminilidade*, a 33ª conferência das *Novas conferências introdutórias sobre psicanálise* (1933a), Freud reitera que a neurose – e eu completaria, a neurose histérica – é um dos destinos psicossexuais possível para a menina, a partir da descoberta de que não possui pênis, fantasmaticamente supondo-se castrada – momento que "representa um marco decisivo no crescimento da menina" (p. 155).

"Marco decisivo", porém antecedido pela fase governada pelo complexo de Édipo negativo, ou seja, pela primeira fase de relação da menina com a mãe, como vimos acima. No destino neurótico histérico, a inveja do pênis acentua-se, mas não a ponto de levar a menina ao "complexo de masculinidade". Apesar de tudo, como diz Freud:

> O desejo de ter o pênis tão almejado pode [...] finalmente contribuir para os motivos que levam uma mulher à análise, e o que ela racionalmente pode esperar da análise – capacidade de exercer uma profissão intelectual, por exemplo – amiúde pode ser identificado como uma modificação sublimada desse desejo reprimido (1933a, p. 154).

Sobre essa tese freudiana, veremos adiante importante contribuição contemporânea de Octave Mannoni.

O que poderia evitar para a menina a "escolha" de um destino psicossexual histérico?

Com larga experiência na análise infantil, Françoise Dolto (1996, p. 55) afirma que a menina "aceita muito rapidamente a sua característica sexual", ao sentir que ela "foi desejada menina por seu pai – e, como tal, à imagem de sua mãe, *sem pênis* [...]".

Também com vasta experiência clínica, Joyce McDougall (1997, p. 12) considera que "a menina precisa ouvir de seu pai expressões de apreço e valor de sua feminilidade e pela feminilidade da mãe dela – sua esposa".

Podemos considerar que somente dessa maneira a inveja do pênis pode ser superada e a menina aceder ao desejo de ter filhos, conforme postula Freud sobre a feminilidade.

Faço um breve parêntese para lembrar que, segundo Piera Aulagnier, o desejo de ter filhos por parte da menina e do menino é uma transmissão materna, estando o acesso a esse desejo na dependência da constituição psíquica do sujeito.

No inverno de 1984, portanto, três anos após o falecimento de Lacan, um grupo de lacanianos reuniu-se para fins de apresentações e debates, no Centro de Formação e de Pesquisas Psicanalíticas, em Paris. Esse encontro foi publicado pelos diversos participantes, sob o título *As identificações – na clínica e na teoria psicanalítica.*

A apresentação de Monique David-Ménard intitula-se "Identificação e histeria". A partir do texto de Freud *Considerações gerais sobre o ataque histérico* (1909), a autora salienta a diferença entre os termos empregados pelo mestre: *Darstellung* e *Vorstellung*. Entende que o primeiro é da ordem da apresentação figurativa da pulsão, enquanto o segundo é da ordem da representação ideativa da pulsão. Concebe a *Darstellung* histérica como uma identificação, que consiste numa "fixação em imagos que capturam o sujeito, prendem-no e o ameaçam, uma espécie de identificação-prisão, da qual talvez fosse possível se desprender em um processo de desidentificação". Nesse sentido, conclui que a famosa Dora analisada por Freud "estava completamente identificada com sua mãe". Assim, considera que "o que a *Darstellung* histérica mascara mal é um terror do maternal". Seu endereçamento a um homem é que "por sua presença, possa separar do horror". Diz David-Ménard (1994) que o que suas pacientes histéricas pedem a um homem é "[...] que imponha limite às identificações arcaicas – e, para tal, que esteja presente" (pp. 69-82).

Em relação ao pai, elas lhe atribuem "aquilo que as separa de suas mães, mas, de imediato, elas não têm nenhuma razão para separar-se dele, e suas atividades sublimatórias não se realizam inteiramente [...]" (1994). Conclui que "a sublimação só é possível se o sujeito não mais se apoiar sobre nada do outro [...]".

Após essa apresentação de David-Ménard, Octave Mannoni (como citado em David-Ménard et al., 1994) intervém brilhantemente, ao dizer:

> Na minha limitada experiência, as histéricas que se curaram conseguiram isso graças a um sucesso visível, que os outros pudessem reconhecer. Eu não acredito que tenha sido de outro modo, que o trabalho da análise as tenha transformado dessa maneira. Mas ele lhes permitiu a transformação.

Coloca em relevo que:

> O problema da identificação nas histéricas é muito complicado. Ele se origina no nascimento, ou quase: "Essa criança não é como deveria ser". É por isso que há muito mais moças histéricas do que rapazes: "Nós queríamos um menino, não foi como deveria ser".

É por isso que "a histérica se encontra presa a um problema de identificações sucessivas que se expulsam umas às outras" (p. 87).

Volto à exposição de Monique David-Ménard, que discute a *Darstellung* e a *Vorstellung*, a fim de introduzir a contribuição de Luiz Alberto Hanns (1999), a partir da leitura da obra de Freud em alemão.

Hanns entende que a *Trieb*, a pulsão como força poderosa e irresistível que impele, manifesta-se de diversos modos em diferentes esferas: na natureza em geral, nas espécies, no indivíduo da espécie e na psique.

Na esfera psíquica, a pulsão ingressa e circula por meio de três tipos de expressão ou representação, correspondendo a três diferentes patamares. Daí Freud utilizar três diferentes termos para designar a representação: *Darstellung*, *Vertretung* e *Vorstellung*.

No patamar corpóreo-somático, a pulsão *darstellen*, ou seja, a pulsão figura, coloca algo na dimensão apreensível da linguagem – pictórica, sensorial; no patamar do primário, a pulsão *vertreten*, ou seja, faz-se representar psiquicamente por meio de imagens ou palavras; no patamar do secundário, isto é, do ego, a pulsão *vorstellen*, ou seja, representa o objeto mentalmente por meio de uma imagem ou ideia, invocando uma cena por intermédio do pensamento.

Considero ser importante introduzir tal esclarecimento porque, infelizmente, naquele debate ocorrido em Paris, em 1984, os lacanianos, que deviam estar vivendo sua relativamente recém-orfandade, como David-Ménard, esqueceram-se de uma de suas mais brilhantes dissidentes: Piera Aulagnier, que com Lacan rompera em janeiro de 1969.

A meu ver, por isso David-Ménard não aborda claramente o que vem a ser o que denomina "*Darstellung* histérica".[1]

---

1 E isso se mantém após dezesseis anos da referida reunião em Paris, em seu livro *A histérica entre Freud e Lacan – corpo e linguagem em Psicanálise*. São Paulo: Escuta, 2000.

Na obra de Aulagnier, a partir de sua larga experiência psicanalítica com psicóticos, há uma teoria da representação – representação do vivido na psique e não propriamente da pulsão, ainda que a atividade do modo originário do funcionamento psíquico seja uma atividade pulsional.

O material de que o originário se ocupa para representar o encontro inaugural boca-seio na psique advém única e exclusivamente do sensorial, resultando numa representação pictográfica ou pictograma.

Assim é que, mesmo antes de o Eu se constituir, entre os 6 e os 18 meses de vida do bebê, a identificação primária, por ocasião da vivência de satisfação, realiza-se com as percepções coextensivas à resposta materna à demanda primária do bebê – de libido, de desejo. O vivido nesse encontro será representado psiquicamente pela imagem da coisa corporal, ou seja, pelo pictograma de fusão, se houver prazer, ou de rejeição, se houver desprazer.

Uma vez que o originário é incapaz de levar em consideração em suas representações o signo de relação, ou seja, de separação, o prazer ou o desprazer no encontro boca-seio – extensivo aos encontros ouvido-voz, olhos-visto etc. – será atribuído ao autoengendramento. Por isso, se bom seio, boa boca, e se mau seio, má boca. O encontro desprazeroso aciona o desejo de não desejo, isto é, a pulsão de morte, do que decorre a angústia de mutilação.

A complementaridade entre a zona-função (boca do bebê) e o objeto complementar (seio materno), a ser representada no pictograma, estende-se também para as demais zonas-funções erógenas e respectivos objetos complementares, assim como para o corpo real do bebê e a representação materna deste corpo, a qual antecede o seu nascimento e que deverá, depois, ancorar-se no corpo real do bebê.

O sexo de que o bebê é portador constitui o primeiro risco de desencontro entre seu corpo e a representação materna que o antecipou. Na dependência da constituição psíquica da mãe, tal desencontro pode dificultar ou impedir que o bebê seja libidinalmente investido por ela. Como consequência, no nível do originário, prevalece o pictograma da rejeição, e, no do primário, a fantasia da onipotência do desejo do outro de recusar prazer – daí a angústia de amputação, que segue a de mutilação, no nível do originário, como referido anteriormente, sendo seguida pela de castração, no nível do Eu.

De acordo com Freud:

> A diferença na reação da mãe ao nascimento de um filho ou de uma filha mostra que o velho fator representado pela falta de pênis não perdeu, até agora, sua força. A mãe somente obtém satisfação sem limites na sua relação com seu filho menino; este é, sem exceção, o mais perfeito, o mais livre de ambivalência de todos os relacionamentos humanos (1933a, p. 163).

Conforme anteriormente citada, a interpelação de Octave Mannoni à exposição de Monique David-Ménard revela que pode ter sido desastroso o encontro da menina que se tornará histérica com os pais – e não só com a mãe. A partir daí, o seu destino psíquico começa a delinear-se, possivelmente intervindo tanto na assunção jubilosa de si pelo Eu, na identificação especular, por meio da qual o Eu advém identificado com a resposta ao desejo materno, quanto na assunção da castração simbólica pelo Eu – que a histérica a assume, pois não é nem homossexual e, muito menos, psicótica –, ao final da fase fálica.

Piera Aulagnier (1975/1979) considera castração e identificação como "duas faces de uma mesma unidade, e uma vez o Eu constituído, a angústia ressurgirá cada vez que as referências identificatórias oscilam". Por isso, como diz, "a castração é uma experiência na qual podemos entrar mas da qual, num certo sentido, *não podemos sair* [...]". Concebe a castração como "[...] a descoberta, no registro identificatório, *de que não ocupamos jamais o lugar que acreditávamos nosso e que inversamente já estávamos destinados a ocupar um lugar no qual não poderíamos ainda encontrar-nos*" (pp. 158-159, em itálico no original).

Diz a autora completando suas reflexões:

> Se a angústia de identificação ou a angústia de castração (os dois termos significam exatamente a mesma coisa) se cristaliza para o homem de forma privilegiada, em pelo menos grande parte das culturas, no temor de ser privado do seu órgão sexual, e, para a mulher, no temor de que o homem ao descobri-la sem pênis, decrete sem valor o que ela oferece ao seu desejo, é porque ser homem ou mulher é a primeira descoberta que faz o Eu no campo de suas referências identificatórias (Aulagnier, 1975/1979, pp. 158-159).

No caso da menina que se tornará histérica, por vir ao mundo desprovida de pênis, pode ser, como nos ensina Octave Mannoni, que ela tenha sido rechaçada primeiramente pelos pais, que subestimaram sua feminilidade. Se isso fizer parte de sua realidade histórica ou se for fruto de suas projeções fantasmáticas, leva-a a aferrar-se mais à mãe (fálica), e, ao final da fase fálica, a identificar-se com ela e com o pai fantasmaticamente castrado. E, já que sua feminilidade não é o alvo do investimento paterno, a menina assume o lugar que ele lhe designa: o de sua cúmplice – tal como o pai de Dora procedeu com ela.

Esse é o terreno movediço no qual a menina vai assumir sua feminilidade. O temor de ver, mais uma vez, rechaçado o que ela oferece ao desejo do homem, leva a histérica a realizar um tipo narcísico de escolha de objeto – o que pressupõe identificação com o que ela própria é, foi, gostaria de ser ou com "alguém que foi uma vez parte dela mesma"

(Freud, 1914/1983, p. 107), isto é, a mãe fálica. Em outros termos, ela escolhe como objeto de amor e de identificação um "príncipe encantado", ou seja, um homem idealizado, a quem a histérica demanda proteção (paterna) e parceria sexual, conforme postula Piera Aulagnier acerca da sintomatologia neurótica (1979/1985). Ela sabe seduzir, mas desconhece o que é ser sensual – o que não é a mesma coisa! Este é o caso, por exemplo, de Frida Kahlo/Diego Rivera, de Maria Callas/Onassis, de Simone de Beauvoir/Sartre, entre outras mulheres públicas ou não.

Não nos esqueçamos que, segundo Freud, em carta a Fliess, de 9 de dezembro de 1899, a via principal da histeria é "[...] a identificação com a pessoa amada" (Masson, 1986, p. 391). Ainda, para ele, conforme Minuta da Sociedade Psicanalítica de Viena, em 6 de fevereiro de 1907, na histeria, há uma "acentuação excessiva do objeto. A histeria é um estado amoroso excessivo [...]. O histérico exagera o amor do objeto e se torna, por isso, incapaz de se movimentar: ele se fixa" (Numberg & Federn, 1976, p. 130, tradução minha).

No contexto sociocultural do mundo ocidental, ao menos até a primeira metade do século XX, a menina-moça só podia concluir que ser feminina era ser frágil, casta, submissa ao homem, "prostituta do marido" – lugar inassumível pela histérica! Por isso, ela permanece na indagação acerca do que deve *ter* para ser desejada pelo "príncipe" – e responde a si mesma que deve man*ter* sua autonomia.

Podemos supor que, ao contrário do que muitos psicanalistas dizem – que o paradigma da histeria foi substituído pelo da depressão –, a partir do movimento feminista deflagrado nos anos 1960, o índice de "histéricas curadas" deve ter aumentado. Que os traços depressivos, decorrentes da solidão sejam o seu preço, é uma hipótese possível.

Nessa direção, talvez possamos entender a forte identificação que ligava Simone de Beauvoir a Sartre, cujo romance durou mais de trinta anos, uma vez que fiel ao "pacto" entre eles, o qual consistia em "manter através de afastamentos uma 'certa fidelidade'" – ambos permitindo a si e ao outro, dentro de certos limites, "conhecer 'amores contingentes'" (1995, p. 117).

Simone de Beauvoir (09/01/1908-14/04/1986) relata sua autobiografia em: *Memórias de uma moça bem comportada* (1958), *A força da idade* (1984) e *A força das coisas* (1995).

Ela era primogênita e tinha uma irmã dois anos e meio a menos do que ela. Conta: "Fui habituada a ouvir papai declarar que eu era um homem" (1958, p. 133). Narra: "Ouvira muitas vezes meus pais exprimirem esse pesar", dizendo: 'Que pena que Simone não seja um rapaz' [...]" (p. 160). A seu ver, "Fora dos momentos em que passava nos exames, não dava a meu pai motivos de orgulho [...]" (p. 162).

Nesse primeiro livro da trilogia autobiográfica, a autora discorre sobre suas memórias de infância e juventude. Considera que, desde essa época, achava pesadas as "servidões" da dona de casa e mãe de família, o que a teria levado à "renúncia de ter filhos" – conforme ela supõe (Beauvoir, 1958, p. 53).Relata: "Considerei sempre com desprazer o casamento [...] era a promiscuidade que me repugnava" (p. 67). Confessa:

> Eu amaria no dia em que um homem me subjugasse por sua inteligência, sua cultura, sua autoridade [...] Só me casaria se encontrasse mais realizado do que eu, meu semelhante, meu duplo [...] Não creio absolutamente que tenha procurado nele um sucedâneo de meu pai. Queria minha independência; exerceria uma profissão, escreveria, teria uma vida pessoal, não me encarava nunca como a companhia de um homem: seríamos dois companheiros [...] O eleito [...] era, de imediato, o modelo do que eu desejava tornar-me; logo, era-me superior (p. 132).

Apesar de explicitamente desdenhar Freud, Simone de Beauvoir revela, certamente sem querer, os vestígios de sua constituição psíquica histérica, de acordo com o meu entender, na qual o falo – e não a diferença – mantém-se significante do desejo. Assim, ela conta: "Na minha família e entre minhas amigas de infância, murmurava-se que eu não daria nada" (1960, p. 363). A respeito de Camille, uma das amantes de Sartre, diz: "[...] ela só evitara a dependência recusando-se ao amor, e eu considerava uma enfermidade ser incapaz de amar" (p. 75). Para Simone de Beauvoir, na relação com Sartre, cabiam as amantes dele, assim como os seus, mas não filhos, a respeito dos quais afirma:

> [...] eu não desejava que a existência de Sartre se refletisse e se prolongasse na de um outro: ele se bastava e me bastava. E eu me bastava também: não sonhava absolutamente com me reencontrar em uma carne saída de mim [...] engendrar é aumentar em vão o número de seres sobre a terra, sem justificação (pp. 80-81).

Em suma, a meu ver, o dilema da histérica diz respeito mais ao "ter" do que ao "ser", posto que ela sabe que é mulher e ter independência e desejar parece possuírem precedência em relação ao ser desejada. No caso em pauta, Simone de Beauvoir achou que deveria ter a mesma independência dos homens, a começar pela de Sartre. Em *A força das coisas* (1963), ela escreve: "Tantas vezes aconselhei às mulheres a independência, declarando que ela começa pela carteira de dinheiro [...] Minha autonomia material estava resguardada [...] Via em meus livros a minha verdadeira realização [...]" (p. 20). E mais, sua identificação com Sartre era de tal ordem que ela assim justificava o porquê não comparecia a certas reuniões políticas: "julgava que a presença de Sartre tornava a minha supérflua" (p. 26).

Pós-escrito

Este pós-escrito tem o objetivo de esclarecer alguns mal-entendidos advindos de minhas leituras e escutas de colegas e de alunos, que consistem em certas afirmações atribuídas a Freud, mas tornadas verdadeiros *slogans* por alguns que se dizem lacanianos ou que leem autores intérpretes da obra de Lacan, sem compreender o lugar de onde eles falam. Volto-me primeiramente à obra de Freud e depois, à de Lacan, passando pelos dicionários de psicanálise.

Em *A interpretação dos sonhos* (1900), Freud registra o caso de uma paciente histérica, cujo marido era açougueiro, o qual propusera à esposa que eles não aceitariam mais convites para jantar porque ele queria emagrecer. A paciente tinha uma amiga magra, que gostava de salmão, a qual lhe cobrara um convite para jantar na casa do casal – cujo marido, o açougueiro, simpatizava-se muito com esta amiga da esposa. A esposa, que, se pudesse, comeria caviar todos os dias, pediu ao marido para não lhe dar caviar; teve um sonho no qual não poderia oferecer um jantar para o casal de amigos porque só dispunha de um pequeno pedaço de salmão.

No meu entender, a paciente de Freud realiza o seu próprio desejo de agradar o marido e de contrariar o de sua amiga, de quem ela tinha ciúme. Moral: nem caviar, mas também, nem salmão e nem jantares!

Só após 1920 é que Freud descobre o sentimento inconsciente de culpa e consequente necessidade de punição, assim como a reação terapêutica negativa. Depois da segunda tópica, em 1923, Freud chega à concepção de que o sonho pode realizar o desejo de uma instância psíquica e não o de outra com a qual conflitua – nas neuroses, como é o caso da histeria, o conflito estabelece-se entre o ego (a mando ou não do superego) e o id.

No entanto, nas alturas de 1900, Freud interpretou, a partir do sonho da paciente e de seu pedido ao marido, que "ela era obrigada a criar um desejo não realizado para si na própria vida real [...]" (p. 157-158). Pergunta-se o porquê da necessidade de um "desejo não realizado", respondendo que este era o seu sintoma, decorrente de uma identificação histérica com a amiga.

O interessante é notar que, apesar de mexer nesse trabalho sobre os sonhos durante mais de vinte anos, por um lado, Freud não reformulou tal afirmação, e, por outro, não se referiu a isso nem no relato do caso Dora nem na *Psicopatologia da vida cotidiana*, ambos os trabalhos escritos em 1901. E mais, não existe referência a essa afirmação na correspondência com Fliess, que se estende até 1904. A isso se acresce que, do ponto de vista da psicanálise, nenhum desejo é plenamente realizado. Sendo a mola propulsora da vida, o desejo só cessa com a morte!

No verbete "histeria", não há referência a esse tema nem no *Vocabulário da psicanálise* de Laplanche e Pontalis, nem no *Dicionário de psicanálise* de Roudinesco e Plon e nem no *Dicionário internacional de psicanálise* dirigido por Alain de Mijolla.

É na obra de Lacan (Cesarotto & Souza Leite, 1993) e nos dicionários lacanianos que encontramos referências à "bela açougueira" e a Dora. Infelizmente, tanto Kaufmann (1996) quanto Chemama (1995) atribuem a Freud o que não é propriamente dele, mas decorre de uma leitura lacaniana da obra do mestre.

Kaufmann (1996), ao expor *A leitura de Lacan*, inicia-a com o sonho da paciente de Freud casada com o açougueiro, ressuscitando o veredicto segundo o qual a histérica "é obrigada a criar em sua vida um desejo insatisfeito". E, no caso Dora, o autor interpreta lacanianamente que "A Sra. K. é a metáfora da questão que encanta Dora: *que é uma mulher*? [...] Enigma que surge da inexistência de uma simbolização do sexo da mulher como tal, porque o imaginário fornece apenas uma ausência" (p. 249).

De fato, essa é a posição de Lacan, para quem não há "simbolização do sexo da mulher como tal [...] O sexo feminino tem uma característica de ausência, de vazio, de buraco, que faz com que aconteça ser menos desejável que o sexo masculino no que ele tem de provocante [...]" (1956/1988, pp. 201-202).

Isso só pode ser compreendido dentro da lógica fálica postulada por Lacan, conforme Chemama (1995, p. 69) registra no verbete "falo": "Foi somente com J. Lacan que o falo se tornou verdadeiramente um conceito fundamental da teoria psicanalítica. Do que se trata, a propósito do falo? Da assunção, pelo homem, de seu sexo".

Essa é, portanto, uma lógica lacaniana, distinta da concepção postulada por Freud e enriquecida com os aportes teóricos advindos da clínica psicanalítica empreendida por Piera Aulagnier, entre outros psicanalistas freudianos. É indubitável que toda a região genital da menina é dotada de sensorialidade, desde o início da vida, e que, se investida libidinalmente pelos pais, a começar pela mãe, deve tornar-se uma zona erógena, tendo portanto, uma representação psíquica. Antes do advento do Eu, esta zona só pode ser representada psiquicamente pelo originário e pelo primário. Após advir, o Eu representará ideativamente a zona genital, na qual a sensorialidade do clitóris tem proeminência, posto que a vagina é vedada pelo hímen e assim deve manter-se até a puberdade. Na primeira infância da menina, em termos sensoriais, o clitóris é o precursor da vagina, cuja erogeneidade deverá ser transferida parcialmente ou em grande parte para a vagina, na puberdade.

É por isso que Freud considerava ser "masculina" a atividade sexual da menina pequena, a qual incidia sobre o clitóris, e, opondo-se a autores, como Jones, que postulavam a existência de sensações vaginais precoces, Freud dizia que, no mínimo, deveriam tratar-se de reações fisiológicas.

Voltando ao referido *Seminário 3*, a propósito de Dora, Lacan supõe que a questão dela é: "O que é ser uma mulher? [...]

e, especificamente, o que é um órgão feminino?". Em seguida, diz que "a mulher se interroga sobre o que é ser uma mulher, da mesma forma que o sujeito macho se interroga sobre o que é ser uma mulher". Considera que, na histeria, a mulher tem uma "identificação imaginária com o pai". Ainda a respeito de Dora, ele entende que, para Freud, ela estaria identificada com o Sr. K., e tomaria a Sra. K. como seu objeto de escolha (Lacan, 1956/1988, pp. 197-200). Ora, Dora não era homossexual!

No *Seminário 4*, Lacan dedica o oitavo capítulo a "Dora e a jovem homossexual", reiterando que "a histérica é alguém cujo objeto é homossexual: a histérica aborda esse objeto homossexual por identificação com alguém do outro sexo" – reafirmando que "a sra. K. é a questão de Dora" (1957/1995b, p. 141). Sim, a Sra. K. é a questão de Dora, mas não como objeto de escolha homossexual, senão como objeto de identificação. Mas, nesse trecho da citação, Lacan não deixa claro isso. Só depois é que ele diz que Dora ama o pai e que sua questão é: "O que é que meu pai ama na Sra. K.?".

No meu entender, aqui a Sra. K. não é mais tida como objeto de escolha, mas de identificação de Dora. Isso se torna mais claro quando Lacan afirma: "E é na medida em que a Sra. K. encarna a função feminina como tal que ela é, para Dora, a representação daquilo em que esta se projeta como sendo a questão" (1957/1995b, pp. 143-144). Só então, Lacan diferencia Dora da jovem homossexual, ao dizer: "Dora e a nossa homossexual estão, pois, respectivamente implicadas em duas situações e dois registros distintos" (pp. 147-149). E ainda:

> Dora nada pode dizer sobre o que ela é, Dora não sabe onde se situar, nem onde está, nem para o que serve, nem para que serve o amor [...] Em suma, é na medida em que Dora se interroga sobre o que é ser mulher que ela se exprime como o faz, por seus sintomas (pp. 147-149).

Parece-me que é essa confusão – que não sei se é de Lacan, de seu discurso ou de quem o registrou – que tem levado lacanianos, como Nasio (1991), a afirmar a respeito da histérica o fato de ela "não saber se é homem ou mulher" e o de possuir "um Eu insatisfeito" (p. 15). Ora, conforme citado anteriormente, segundo Aulagnier, no campo de suas referências identificatórias, a primeira descoberta que faz o Eu é se ele é homem ou mulher. Em decorrência do fato de recusar a castração – o que significa recusar a separação da mãe e, consequentemente, a diferença entre os sexos –, só o psicótico possui a "prerrogativa" de não saber se é homem ou mulher, bem como a de não possuir um ideal de ego para, quem sabe um dia, satisfazer o seu "eu insatisfeito"!

No *Seminário 5*, Lacan volta a abordar, no vigésimo capítulo, "O sonho da bela açougueira", para discutir a dialética entre a demanda (pré-genital) de reconhecimento e o desejo (genital) do Outro, ressaltando que "a histérica fica presa na clivagem [...] entre a demanda e o desejo" (1958/1999, pp. 374-376).

De onde se conclui com David-Ménard, conforme anteriormente citado, que, para a histérica, a sublimação só é possível se ela "não mais se apoiar sobre nada do outro" – a não ser contar com o reconhecimento de si pelos outros que lhe são significativos. E, como diz Aulagnier (1968, pp. 189-232), toda demanda – de prazer, de amor e de reconhecimento – é, em última instância, uma demanda identificatória.

Como atesta a experiência clínica de Octave Mannoni, satisfeita sua demanda identificatória, a histérica tem plenas condições de ser um sujeito desejante!

Termino este meu pós-escrito com o de Freud acerca do caso Dora, no qual ele afirma que, em um caso de histeria, a complexidade dos fatos psicológicos reside na "justaposição das tendências mais dissemelhantes, a dependência mútua de ideias contrárias, as repressões e os deslocamentos, e outros" (1905a, p. 111).

A melancolia e as depressões

Foi com entusiasmo que ouvi de Hornstein seu empenho em "*rescatar a Freud*", em conferência proferida em 26 de maio de 2007, em São Paulo, e que li em seu texto "Terapia psicoanalítica", recomendado para que seus ouvintes o lessem antecipadamente: "*En cuanto a Freud, que para mí sigue siendo el gran referente* [...]" (2006, p. 201).

Apesar de eleger Freud como seu "grande referente" no campo do saber psicanalítico, de um lado, Hornstein não faz cerimônia em citar representantes de escolas psicanalíticas díspares em relação a Freud, como é o caso, entre outros, de Lacan, Kohut (da escola norte-americana da psicologia do *self*), Winnicott (da escola inglesa das relações de objeto), Melanie Klein e Bion (da escola inglesa kleiniana). De outro lado, também sem explicar o porquê, ele estende para as "depressões", genericamente falando, aspectos fundamentais da melancolia, segundo Freud, em *Luto e melancolia* (1917c): a baixa autoestima, como o "traço mental" *prínceps* da melancolia, o que está ausente no luto; a ambivalência em relação ao objeto perdido; o sentimento de culpa, decorrente de conflito entre o ego, então identificado com o objeto perdido, e o superego.

No ínterim entre 1917 e 1923, Freud parece usar indistintamente os termos depressão e melancolia. É o que parece, por exemplo, em *Uma neurose demoníaca do século XVII* (1923d), em que ele utiliza os termos: "depressão", "estado de depressão", "depressão melancólica" e "melancolia" (pp. 102-103) – que se segue após a morte do pai do pintor bávaro Christoph Haizmann. Assim, ele interpreta a ambivalência do pintor em relação ao pai perdido:

> Aquilo contra o que está se rebelando é a sua atitude feminina para com o pai, que culmina pela fantasia de dar-lhe um filho [...] Com o luto do pintor pelo pai perdido e a intensificação de seu anseio por ele, também sucede nele uma reativação de sua fantasia de gravidez há muito reprimida [...] (p. 115, grifos meus).

E, em termos metapsicológicos, afirma a respeito do complexo de Édipo masculino:

> A atitude feminina de um menino com o pai sofre repressão tão logo ele compreende que sua rivalidade com uma mulher pelo amor do pai tem, como pré-condição, a perda de seus próprios órgãos genitais masculinos – em outras palavras: a castração (p. 115).[1]

Além deste referido texto, em 1923, entre outros trabalhos, Freud publica *O ego e o id* (1923c), onde tece considerações acerca do complexo de Édipo completo, isto é, positivo

---

[1] Grifos meus, pois, no meu entender, esta é a primeira e única vez que Freud se reporta a esta fantasia edípica do menino de dar um filho ao pai, o que é digno de nota para um outro estudo.

e negativo, tanto no caso do menino como no da menina, e *A organização genital infantil* (1923a).

A partir daí, a postura de Freud é muito clara quando, em *Neurose e psicose* (1924c), reserva o conceito "neurose narcísica" à melancolia, diferenciando-a das neuroses de transferência, nas quais o conflito se estabelece entre o ego e o id, assim como das psicoses, onde o conflito ocorre entre o ego e a realidade.

No meu entender, Freud usa o termo depressão para designar um sintoma que pode aparecer em diferentes afecções psíquicas; já a "neurose narcísica", como também a entende Laplanche (1987), encontra-se "na charneira entre a neurose e a psicose" (p. 293).

Por ocasião da referida conferência proferida por Hornstein, apesar de admitir essa distinção na obra freudiana, ele, talvez por ser também psiquiatra, passa por cima dela, postulando que, no campo das depressões, há as mais graves, como a melancolia, e as menos graves, mas em todas está presente a baixa autoestima. Tudo se passa como se se tratasse de uma diferença quantitativa, isto é, de grau. Ainda que não vá seguir o autor no momento, tal trânsito livre fica claro sobretudo no sexto capítulo – intitulado "Da psiquiatria à psicanálise e vice-versa" – da segunda parte de seu referido livro.

Fazendo um breve parêntese, na 16ª conferência – "Psicanálise e Psiquiatria" – das *Conferências introdutórias sobre psicanálise* (1917b), Freud faz votos para um "futuro não muito distante" – era o que ele almejava –, em que se "perceberá que uma psiquiatria cientificamente fundamentada não será possível sem um sólido conhecimento dos processos inconscientes profundos da vida mental" (pp. 301-302).

Conforme entendo tal afirmação de Freud, a recíproca não é verdadeira, ou seja, a psicanálise não necessita de uma fundamentação psiquiátrica! Eticamente, o psicanalista precisa, isso sim, recorrer aos ofícios de um psiquiatra para medicar um paciente que necessitar de medicamento.

Contudo, uma vez que atua como psiquiatra e psicanalista, Hornstein parece não pensar assim, supondo haver uma continuidade entre ambos os campos do saber: o psicanalítico e o psiquiátrico.

Esse é o assunto do livro por mim organizado, no qual, exceto eu, todos os autores são psicanalistas de formação médica: *O (im)possível diálogo psicanálise psiquiatria*. Nele, o texto de minha autoria se intitula "Psicanálise e psiquiatria: campos convergentes ou divergentes?" (Violante, 2002, pp. 13-46) e decorre do "Estudo sobre a interface psicanalítica/psiquiátrica dos 'transtornos do humor'", realizado por mim junto ao Departamento de Psiquiatria da Escola Paulista de Medicina da Universidade Federal de São Paulo, no ano de 1998.

Na literatura psiquiátrica então por mim consultada, pode-se ler essa, ao menos aparente, continuidade de grau maior e menor no que tange aos "transtornos do humor".

Assim é que, em Harold I. Kaplan *et al.*, *Compêndio de psiquiatria – ciência do comportamento e psiquiatria clínica* (1997), considera-se que os principais "transtornos do humor" são: o Transtorno Depressivo Maior e o Transtorno Bipolar (episódios maníacos e depressivos ou só maníacos). Também há transtornos de humor adicionais, como o distímico e ciclotímico. Na etiologia de tais "transtornos", apesar de os autores afirmarem que "a base causal destes transtornos é desconhecida", eles aludem a "fatores genéticos, biológicos e sociais" e mais adiante, falam em "fatores psicossociais", assim como em "fatores psicanalíticos e psicodinâmicos" (pp. 493-500).

Descritivamente, os indivíduos com humor deprimido "têm perda de energia e interesse, sentimentos de culpa, dificuldade para se concentrar, perda do apetite e pensamentos sobre morte e suicídio"; já os indivíduos com "humor elevado (isto é, mania) mostram expansividade, fuga de ideias, sono diminuído, autoestima elevada e ideias grandiosas" (p. 493). Ainda, no Transtorno Depressivo Maior, os autores acrescentam como sintomas, ou seja, como queixas do paciente: perda de prazer, sensação de inutilidade, culpa inapropriada e capacidade de pensar diminuída.

Acerca dos transtornos do humor, em John Talbott *et al.*, *Tratado de psiquiatria* (1992), os autores Robert M. A. Hirschfeld e Frederik K. Goodwin afirmam que tais transtornos "englobam um amplo espectro de condições, variando de reações à perda e outras experiências de vida negativas, até doenças severas, recorrentes, incapacitantes". Dizem que a "doença depressiva" permeia a vida do indivíduo. "Os pensamentos são distorcidos por autodepreciações e desesperança [...]". As pessoas "perdem o interesse pela vida a sua volta. Elas sentem dor, uma terrível, inescapável e totalmente indescritível dor psíquica [...]" (1992, p. 301).

Ainda em termos de afeto, os autores identificam dentre os aspectos clínicos da depressão a melancolia, considerando-a a "emoção mais comum" expressa na depressão, ainda que possa haver depressão clínica sem melancolia. Quanto à cognição, afirmam: "Os processos cognitivos estão caracteristicamente diminuídos e o conteúdo cognitivo reflete a baixa autoestima, que é a marca registrada da depressão" (Talbott *et al.*, 1992, p. 302).

Por mais abertos que nós, psicanalistas, nos coloquemos para dialogar com nossos colegas psiquiatras – bem entendido, os que possuem formação em psicanálise –, considero ser atualíssima a observação feita por Freud, há mais de oitenta anos, acerca da prática médica nos Estados Unidos, ao dizer que a familiaridade de psiquiatras e neurologistas com a psicanálise "é muito insuficiente [...] de modo que só conhecem seus termos e algumas palavras de engodo [...] E esses mesmos homens misturam a psicanálise a outros sistemas de pensamento [...] atualmente incompatíveis", com isso revelando "falta de critério" (1930a, pp. 290-291).

Falta de critério que, diga-se de passagem, não é sanada pelos atuais Sistemas Operacionais de Classificação dos Transtornos Mentais, como se pode ler na *Classificação de Transtornos Mentais e de Comportamento da CID-10 – descrições clínicas e diretrizes diagnósticas* (1993), assim como no *DSM III e IV*.

De acordo com o psicanalista e psiquiatra da Universidade de Campinas (Unicamp), Mário Eduardo Costa Pereira (1997), a finalidade desses sistemas operacionais de classificação é separar grupos de sintomas que respondam a uma ou outra intervenção psicofarmacológica.

Como revela o título do livro supracitado, *O (im)possível diálogo psicanálise psiquiatria*, nele há autores, como Luís Carlos Menezes (2002), que veem possibilidade de diálogo entre ambos os saberes, enquanto que outros autores, como Márcio Peter de Souza Leite (2002), consideram haver uma descontinuidade entre esses dois campos.

Sobre ambos esses saberes, de acordo com Freud, em *A questão da análise leiga: conversações com uma pessoa imparcial* (1926a): "Em si, toda ciência é unilateral. Tem de ser assim, visto que ela se restringe a assuntos, pontos de vista e métodos específicos. É uma insensatez [...] lançar uma ciência contra a outra" (p. 262).

Do meu ponto de vista, incluir a melancolia – conforme concebida por Freud – no vasto campo das depressões implica a perda de sua especificidade tal como figura no já citado *Luto e melancolia* (1917c): enquanto uma neurose narcísica, entre as neuroses de transferência e as psicoses; enquanto a única psicopatologia caracterizada por Freud por meio de "traços mentais", como a baixa autoestima, e cuja etilogia ele atribui a uma "disposição patológica" (p. 275).

Ora, em 1917, quando da publicação desse referido trabalho, Freud ainda não havia concluído sua teoria sobre o complexo de Édipo, o qual, articulado ao complexo de castração, torna-se o complexo nuclear da constituição psíquica – normal e patológica – do sujeito. Sem dúvida, essa teoria dá conta para a compreensão da melancolia, mormente nos casos de "natureza psicogênica indiscutível" (p. 275), conforme Freud se refere aos sujeitos de seu estudo, dele excluindo outras causas, inclusive somáticas.

No entanto, a essa teoria devem se acrescer: a regressão oral, a qual foi sugerida por Abraham (1924) e aceita por Freud, além do modo precário por meio do qual o ego se constitui em sua primeira forma, como um ego ideal.

Abraham teoriza sobre a psicogênese da melancolia, em especial no capítulo III deste referido livro – "Breve estudo do desenvolvimento da libido, visto à luz das perturbações mentais" (1924 citado por Abraham, 1924, pp. 81-160). Do mesmo modo, Melanie Klein também hipotetiza acerca da psicogênese da melancolia, em "Uma contribuição à psicogênese dos estados maníaco-depressivos" (1934, pp. 355-389).

Embora leve em consideração as obras desses autores, parto das de Freud, de Aulagnier (1961) e de Radó (1928) para construir o conceito de potencialidade melancólica e, ainda hoje, sugiro que se nomeie de potencialidade melancólica a "disposição patológica" à melancolia de que fala Freud.

Nesse sentido, reafirmo minha tese de doutorado defendida em 1992, segundo a qual a perda prematura do amor materno, sobretudo no momento em que o Eu se constitui, tem um poder facilitador no estabelecimento da potencialidade melancólica. Tal potencialidade poderá vir a se manifestar ou não, no decorrer da vida do sujeito, e tal manifestação poderá se dar ou não por meio de sintomas depressivos. Em qualquer caso, a baixa autoestima faz-se presente como um "traço mental" do sujeito.

Hoje, encontro respaldo à minha tese nos estudos procedidos pela psicanalista Marie-Claude Lambotte (1997), junto a pacientes melancólicos.

Para finalizar, não há como se proceder a uma psicanálise de um sujeito melancólico ou portador de potencialidade melancólica se o analista não possuir uma teoria a respeito, mas tão somente uma classificação psiquiátrica de sintomas depressivos – dos menos aos mais graves. Além disso, o funcionamento psíquico deste suposto melancólico será totalmente diferente do de uma suposta histérica, que apresenta traços ou aspectos depressivos sob determinadas circunstâncias, de acordo com sua singular história libidinal e identificatória. Basta dizer que o suicídio é um dos possíveis desfechos da vida de um melancólico, mas não o de uma histérica – neste último caso, só se for por descuido.

Entendendo a depressão como uma "forma atenuada da antiga melancolia", Roudinesco (2000, p. 13-17) afirma que "o sofrimento psíquico manifesta-se atualmente sob a forma da depressão". Em seguida, parece se dar conta de que "é claro que a histeria não desapareceu, porém ela é cada vez mais vivida e tratada como uma depressão" (p. 13-17).

Ora, reconhecer que a histeria é hoje tratada como uma depressão e dizer que esta última é uma forma atenuada de melancolia, sendo o modo de manifestação do sofrimento psíquico na atualidade só pode gerar um grande equívoco no tratamento psicanalítico de pessoas portadoras de sofrimento psíquico, que se convencionou denominar "novas patologias": as depressões, a anorexia nervosa e a síndrome do pânico. A meu ver, tal profusão terminológica revela desconhecimento do que vem a ser a psicanálise tal e qual concebida por Freud.

Desde seus *Estudos sobre a histeria* (1895a), o fundador da psicanálise aponta a presença de sintomas depressivos e anoréxicos em suas pacientes histéricas, como no caso de

Frau Emmy von N. (1888 ou 1889). No caso de Miss Lucy R. (1892), Freud acrescenta numa nota de rodapé o relato do caso de uma mulher de 38 anos, que sofria de neurose de angústia (agorafobia, acessos de medo da morte etc.). Dois anos depois, escreve sobre os critérios para destacar da neurastenia uma síndrome particular intitulada "neurose de angústia" (1895b), que não deixa nada a desejar, em termos descritivos, ao que a psiquiatria denomina, hoje, síndrome do pânico. Data provavelmente de 1895 o Rascunho G, que Freud dedica à melancolia (1899/1950). Passados sete anos, ele analisa Dora, jovem histérica de 18 anos, que sofria, entre outros sintomas, de depressão (1905a).

Concluo que, atualmente, o que há de "novo" parece ser uma nova forma de se interpretar tais sintomas, sem discriminá-los, porque cada vez mais se conhece menos a obra de Freud e muito se recorre indiscriminadamente às teorias da moda, alheias que são à freudiana. Freud não explicou tudo, mas sem o fundamento psicanalítico legado por ele, acrescido de contribuições freudianas contemporâneas, é impossível se compreender, deste ponto de vista, qualquer patologia que se nos apresente nos dias atuais. E, sem dúvida, não basta mudar de nome, como não se falar mais de melancolia, mas de depressão maior; não se falar mais de neurose de angústia, mas de síndrome do pânico; não se falar mais de anorexia, mas de anorexia nervosa etc.

Enfim, caro Hornstein, em *Las Depresiones*, Freud aparece mais esfumaçado do que seu "grande referente" a ser resgatado.

Este estado das "coisas psicanalíticas" remete-me a Fédida (2002), quando ele afirma:

> Talvez a depressão – tão comumente invocada em nossos dias como uma verdadeira "doença do século" – definitivamente só seja uma *quase-noção*, sem consistência *nosográfica*, muito

> vagamente descritiva, *já em vias de extinção* [...] Se falo aqui da depressão em termos de uma *quase-noção*, é certamente em razão de sua grande extensão de uso e do inevitável efeito de banalização provocado pela generalização de sua temática simplificada (pp. 179-180).

Fédida concebe a depressão, distintamente da melancolia, como uma "posição econômica que diz respeito a uma *organização narcísica do vazio*" (1999, p. 39, em itálico no original). Ainda acrescenta ele que, ao contrário da melancolia, poderia ser definida como "essencialmente *depressão somática*" (p. 47, grifos meus).

Das perversões

"[...] para os leigos o termo 'perverso' encerra uma conotação pejorativa. Esperemos que o mesmo não aconteça com aqueles que se denominam 'psicanalistas'".
Joyce McDougall

Desde os primeiros anos deste século XXI, no meio psicanalítico, tanto o nacional quanto o internacional, podemos ler e escutar que supostas "novas patologias" – dentre as quais, as depressões – assumiram o lugar que as histerias ocuparam na gênese da psicanálise, novo campo do saber criado por Sigmund Freud (1856-1939), durante quarenta e seis anos de sua vida, ou seja, desde 1892 até 1938.

Em outro lugar (Violante, 2005), registrei que sintomas depressivos, assim como anoréxicos, e crises de angústia já eram manifestados em muitos dos casos clínicos magistralmente relatados por Freud. Portanto, não se tratam de "novas patologias", só porque, hoje, são nomeadas de modo diferente, como é o caso, por exemplo, da síndrome do pânico, da anorexia nervosa etc.

Quanto ao amplo espectro das chamadas depressões, com todo o apreço que devoto ao psicanalista argentino Luis Hornstein, não vejo o porquê de as depressões constituírem o "flagelo da época". Com base nos dados da Organização

Mundial de Saúde (OMS), ele registra que "as depressões representam, depois das enfermidades cardíacas, o maior problema sanitário se se considerar a mortalidade prematura e os anos de vida útil que se perdem por incapacidade" (Hornstein, 2006, p. 15, tradução minha).

Claro está que, como psicanalista de formação médica, o discurso de Hornstein seja, talvez, mais pertinente ao campo médico. Além do mais, médicos de diferentes especialidades têm recorrido quase que indiscriminadamente aos antidepressivos, assim como aos chamados "sossega-leão", fabricados pela indústria farmacêutica.

Igualmente se reportando aos dados da OMS, mas também ao seu consultório particular, Maria Rita Khel, psicanalista brasileira formada em psicologia, considera que "resgatar a clínica das depressões do campo exclusivo da psiquiatria me parece um desafio ante o qual o psicanalista não pode recuar" (Khel, 2009, p. 13).

Justo, mas não é entendendo "o aumento contemporâneo das depressões como um sintoma social" que o psicanalista pode atestar o seu não recuo, posto que problema semelhante ocorre com os inúmeros adolescentes e crianças diagnosticados como portadores de hiperatividade, do que decorrem os chamados transtornos de déficit da atenção e da aprendizagem, os quais são medicados com um tipo de "sossega-leão". Psicanalista algum que trabalhe no campo da menoridade pode ignorar que se medica esses sujeitos com esta última droga antes que com antidepressivos! Ao contrário dos hiperativos, crianças e jovens deprimidos não incomodam.

Faço votos que os consultórios particulares dos colegas psicanalistas estejam sendo visitados por uma legião de deprimidos – desde que sejam pagantes, bem entendido!

Após dedicar-me, desde o início dos anos 1990, ao estudo da "potencialidade melancólica" (Violante, 1995), atualmente tem me chamado a atenção aqueles sujeitos que não demandam análise, desde a época de Freud, quais sejam os perversos! Exatamente estes que, hoje em dia, estão diariamente presentes nos meios de comunicação – jornais, revistas, televisão e internet.

Lembremo-nos do caso da jovem homossexual, que foi levada a Freud pelos pais, e que ele, com toda a ética que lhe era peculiar, lhes disse que não poderia fazer nada por eles, posto que não era demanda da filha tornar-se heterossexual (1920b). Ora, o perverso não quer que lhe retirem sua fonte principal, senão exclusiva, de prazer!

Mas, quando falamos em perversões, do que se trata?

No verbete "perversão", Laplanche e Pontalis (1985), assim a definem: "Desvio em relação ao ato sexual 'normal', definido este como coito que visa a obtenção do orgasmo por penetração genital, com uma pessoa do sexo oposto".

Ainda que, no início de sua obra, quando Freud escreveu *Três ensaios sobre a teoria da sexualidade* (1905c), ele tenha se dedicado à análise das "aberrações sexuais", após um percurso de quase vinte anos, ele abordou o masoquismo moral, ao lado do feminino (o que não é exclusivo às mulheres) e do erógeno ou primário, em *O problema econômico do masoquismo* (1924d).

Desde 1905, conforme a "teoria da sexualidade", a concepção freudiana da sexualidade humana não a restringe à genitalidade nem à finalidade procriativa. Em *Aspects théoriques des perversions* (1965), a psicanalista freudiana Piera Aulagnier (1923-1990) postula que toda perversão implica uma transgressão da Lei – seja essa Lei sexual, social ou ética.

No campo da sexualidade, Freud considera o sadomasoquismo a mais significativa das perversões, conforme afirma na referida obra de 1905, os "Três ensaios..." – ainda que, após 1927, ele alce o fetichismo como o protótipo das perversões (1927a). Piera Aulagnier, em *La perversion comme structure* (1967), concentra-se na análise do sadomasoquismo heterossexual, postulando que, nas perversões, um fetiche sempre está presente – seja ele um sapato ou um chicote.

Como bem reconhece Lacan, "é uma estupidez" dizer que a obra de Sade antecipa Freud (1963/1998).

Sim, mas ainda que Freud não tenha necessitado da obra de Sade para abordar psicanaliticamente o sadomasoquismo, interessada no tema das perversões, decidi perscrutar os personagens criados pelo escritor francês Sade (1740-1814) – tomando-os como se fossem casos clínicos – e, secundariamente, o que se tem publicado acerca do escritor austríaco Sacher-Masoch (1835-1895) – dupla que teria inspirado Krafft-Ebing, entre outros psiquiatras, a dar respectivamente o nome de sadismo e de masoquismo a esse determinado tipo de perversão (ver Laplanche & Pontalis, 1985).

Donatien Alphonse François, o marquês de Sade, nasceu na França em 1740, tendo falecido em 1814, internado no hospício de Charenton, desde 1803. E isso, após ter vivido quinze anos em onze diferentes prisões, devido a seus "desregramentos" como sodomia e flagelação. Nas prisões, escreveu seus principais romances, a começar pelo *Os 120 dias de Sodoma* (Sade, 2006), que ele escreveu de 1782 a 1785. À biografia de Sade retornarei ao final deste ensaio.

Penso que os personagens principais desse romance desafiam a escuta de todo psicanalista (que não seja perverso). De um modo resumido, debruço-me sobre os quatro principais "libertinos" – que planejaram, colocaram em execução e coordenaram os 120 dias de orgia vividos num castelo suíço de Silling por um grupo de quarenta pessoas, composto por eles próprios, que mantêm entre si relações de parentesco, suas respectivas esposas e filhas. A esses oito personagens principais se acrescem: quatro mulheres de certa idade que, tendo passado suas vidas na mais excessiva "devassidão", tinham condições de relatar suas experiências com requintes, provocando sensações nos ouvidos dos que as escutavam, assim saciando a "lubricidade" dos outros sentidos; oito meninas e oito meninos entre 12 e 15 anos; oito "fodedores", homens "dotados de membros monstruosos para as volúpias da sodomia passiva" e quatro criadas.

Para os fins deste ensaio, a meu ver, basta deter-me sobre: o Duque de Blangis (50 anos), seu irmão, o Bispo de ... (45 anos), Durcet (53 anos e dono do referido castelo) e o Presidente Curval (60 anos).

O Duque de Blangis, cujo pai faleceu jovem, tornou-se dono de uma grande fortuna, aos 18 anos de idade. A fim de usufruí-la só com o irmão, mata a mãe e a irmã. Aos 23 anos comete um estupro com a mão e, ao lado de outros assassinatos e roubos, mata as três mulheres com quem se casou – inclusive a mãe de sua filha Julie, de quem abusava sexualmente até seus 15 anos. Depois, deu sua mão a Curval, um sujeito sujo e que cheirava mal. Enquanto Julie tornava-se também uma pessoa sem asseio em relação a si própria, ao seu corpo, às suas roupas, e adicta de comida e bebida alcoólica, seu pai, após completar 25 anos, tornou-se incapaz de ter ereção e passou a se dedicar à sodomia passiva.

De certa forma, o Duque também criou Aline (18 anos), pensando ser sua filha, mas que, na verdade, era filha de uma de suas mulheres com seu irmão, o Bispo de ... Desde os 8 anos de Aline, Bispo abusava dela sexualmente, por trás. Ele também abusou sexualmente e depois, por causa de dinheiro, matou duas jovens crianças – uma menina e um menino –, que estavam sob sua guarda. Moralmente, ele era tão depravado quanto o irmão, mas fisicamente era inferior. Ejacula pouco e quando o faz, quase desmaia; goza de tal modo que deixa a virgindade da mulher intacta. É idólatra da sodomia, sobretudo da passiva.

Aline é obediente, mas detesta Bispo, teme o Duque, abomina Curval; apenas por Durcet não sente repugnância.

Portador de um pênis pequeno, Durcet raramente tem ereção e ejacula; goza pela boca. Fazia sexo com a filha Constance (22 anos), aos 12 anos de idade da menina, mas entregou-a "quase virgem" para casar-se com o Duque – com quem Durcet mantém relações sexuais. Após sofrer de Duque quatro ou cinco investidas sexuais por trás, Constance tornou-se submissa. Durcet que, além de ter cometido vários crimes, envenenou a própria mãe, uma de suas esposas e a sobrinha, é aficionado pela sodomia passiva.

Por fim vem Curval, que investiu sexualmente sobre sua filha Adelaide (20 anos), rompendo sua virgindade vaginal e anal. Casada com Durcet, Adelaide sofre impotentemente, mas não com submissão. Casado com Julie, filha do Duque, raramente Curval tem ereção e ejacula. Também sujo e fedorento como Julie, gostava de penetrar em meninos; ao lado de muitos assassinatos, estuprou por trás uma menina que estava no colo da mãe e depois as matou, fazendo-as antes presenciarem o assassinato do pai (da criança e marido da mãe) – por um carrasco contratado por ele.

Em suma, trata-se de quatro personagens portadores de pênis, que são perversos polimorfos – polimorfismo que abrange a sodomia ativa e passiva, a pedofilia, a coprofilia, a coprofagia, a albutofilia, a albutofagia, o exibicionismo, o voyeurismo, o sadismo, o masoquismo; ao lado disso, há os crimes de estupro, assassinato e roubo.

Segundo o dicionário *Aurélio*, sodomia significa "conjunção sexual anal, entre homem e mulher, ou entre homossexuais masculinos" (Ferreira, 1986, pp. 1603).

Portanto, não há possibilidade de haver sodomia entre mulheres, uma vez que são desprovidas de órgão sexual genital que penetre; do mesmo modo, inexiste sodomia passiva do ponto de vista do homem na relação sexual com uma mulher, mas tão somente sodomia ativa.

Em *A organização genital infantil* (1923a), Freud concebe como pré-genitais a organização oral e a "sádico-anal" (p. 184). No processo do desenvolvimento da função sexual, considera como "perversão" as fixações da libido em fases anteriores à genital, cujo impulso independe do "objetivo sexual normal" (1940, p. 181).

Nesse sentido, entendo tanto a sodomia ativa quanto a passiva como uma perversão, segundo o significado freudiano do conceito, sobretudo quando é objetivo exclusivo do prazer masculino: o de ser penetrado analmente por outro homem e o de penetrar analmente outro homem ou uma mulher. Afinal, não é o ânus que marca a diferença sexual entre um homem e uma mulher!

Voltemo-nos à concepção freudiana das perversões de um modo geral e, depois, ao sadomasoquismo, em particular. Se, de um lado, Sade é quem inspira o termo sadismo, de outro, é após 22 anos de sua morte que nascia Leopold von Sacher-Masoch, em 1835, a inspirar o termo masoquismo – ambos os termos dados à perversão sadomasoquista. Nascido na Áustria, ele também foi escritor que, à semelhança de Sade, recorria em seus romances a personagens masoquistas e sádicos, entre outras perversões.

Freud introduz sua concepção acerca da sexualidade humana – a qual, indissociável do inconsciente, vai constituir uma das três pedras angulares da psicanálise – nos *Três ensaios sobre a teoria da sexualidade* (1905c) –, concebendo-a, conforme anteriormente referido, como não estando restrita nem à genitalidade nem à finalidade procriativa. Talvez seja por isso que ele dedica o primeiro ensaio às "aberrações sexuais"; o segundo, à sexualidade infantil; e o terceiro, à puberdade, em direção à organização genital adulta. Nos dois primeiros, prevalecem as organizações pré-genitais da libido – a oral e a sádico-anal –, seguidas pela organização genital infantil – na qual o falo (e não o pênis) possui a primazia.

Freud considera a criança uma "perversa polimorfa" porque o seu prazer libidinal advém anarquicamente de suas zonas erógenas, ainda não organizadas sob a égide dos genitais, como na sexualidade adulta. Tais zonas espalham-se por todo o corpo, a começar pela boca, ânus, olhos, pele, pênis, clitóris etc.

As fixações em uma ou mais dessas zonas resultam nas "aberrações sexuais" ou perversões. A diferença entre o sujeito "normal" e o perverso reside na constituição do psiquismo de cada um; mas, em termos do prazer sexual, enquanto o primeiro busca-o por meio do jogo preliminar, no qual participam suas zonas erógenas culminando no orgasmo genital, o perverso busca seu prazer sexual de modo exclusivo, quer na mudança de objeto sexual, quer na de objetivo sexual.

Os desvios relativos ao objeto sexual, ou seja, à pessoa de quem procede a atração sexual, abrangem: pessoa do mesmo sexo (homossexualidade), criança (pedofilia), animal (zoofilia), cadáver (necrofilia), objeto enquanto "substituto inadequado para o objeto sexual", no fetichismo. Os desvios relativos ao objetivo sexual, isto é, ao ato a que a pulsão sexual e/ou a de crueldade conduz enquanto objetivo exclusivo, englobam: a relação oral, anal, masturbação, coprofilia, coprofagia, albutofilia, albutofagia, voyeurismo, exibicionismo, sadismo e masoquismo.

Nesse texto de 1905, revisto por Freud no decorrer dos vinte anos seguintes, ele considera o sadomasoquismo "a mais comum e a mais significativa de todas as perversões – o desejo de infligir dor no seu objeto sexual, e seu inverso [...]" (1905c, p. 159). Diz que tal perversão recebeu os nomes "sadismo" e "masoquismo", respectivamente para suas formas ativa e passiva, de Krafft-Ebing, o qual dá proeminência ao prazer sob qualquer forma de humilhação ou sujeição; enquanto que outros estudiosos, como Schrenck-Notzing

(1899), preferiram o termo mais estrito "algolagnia", dando ênfase ao prazer na dor e à crueldade.

Freud considera que "A sexualidade da maioria dos seres humanos masculinos contém um elemento de *agressividade* – desejo de subjugar" (1905c, p. 159). Ainda, diz que "A história da civilização humana mostra sem qualquer dúvida que há conexão íntima entre crueldade e pulsão sexual [...]" (p. 161).

Tais concepções estabelecidas em 1905 não sofreram alterações significativas. Antes, enriqueceram-se à luz de novos conceitos como o de narcisismo (1914) e o de pulsão de morte (1920), por exemplo, bem como de novo modo de conceber a relação entre angústia e recalque (1925) e o fetichismo (1927) – o protótipo das perversões.

Em *"Uma criança é espancada": uma contribuição ao estudo da origem das perversões sexuais* (1919b), Freud trata da gênese das perversões em geral e do masoquismo/sadismo em particular. Esse texto é considerado pelo editor inglês James Strachey um complemento a esse primeiro ensaio dos *Três ensaios sobre a teoria da sexualidade* (1905c) – anteriormente comentado. Nesse texto, Freud aborda a fantasia, que comumente observa no decorrer da análise de seus pacientes histéricos e obsessivos: a fantasia de "uma criança é espancada". O referido trabalho baseia-se no estudo de seis casos: quatro mulheres e dois homens, sendo dois de neurose obsessiva, um dos quais extremamente grave, e o outro, de severidade moderada; outro caso apresentava traços de neurose obsessiva e outro era de franca histeria; o quinto caso chegou à análise devido a indecisões na vida; segundo nota do editor inglês, "nada é dito quanto ao sexto caso" (1919b, p. 229). Mas Freud restringe sua descrição aos "casos femininos" – justificando-se, enigmaticamente a meu ver, que é "quatro contra dois" (p. 231).

No seu entender, na infância, o prazer e o autoerotismo que acompanham essa fantasia revelam um "traço primário de perversão". Posteriormente, tal fantasia pode ser recalcada ou substituída por uma formação reativa ou transformada por meio da sublimação. Se tais processos não ocorrerem, "a perversão persiste até a maturidade" (1919b, p. 228).

Essa fantasia comporta três etapas: a primeira e a terceira possuem um caráter sádico, enquanto que a segunda é masoquista.

Na primeira, a menina fantasia sadicamente (embora não seja ela quem bate, mas o seu pai) que "uma criança é espancada" – criança esta que pode ser o irmão ou a irmã, ou uma menina ou um menino. Essa fantasia, que pode ser lembrada conscientemente, significa, segundo Freud: "O meu pai está batendo na criança" ou "O meu pai está batendo na criança que eu odeio" – o que quer dizer que "O meu pai não ama essa outra criança, ama apenas a mim".

Na segunda etapa, devido ao sentimento de culpa e ao amor sexual, a fantasia é masoquista e inconsciente, expressando-se em: "Estou sendo espancada pelo meu pai". É interessante notar que, logo em seguida, Freud escreve "espancado". Para ele, "essa segunda fase é a mais importante e a mais significativa de todas" (1919b, p. 232). Esclarece que se trata de uma construção da análise, pois tal fantasia nunca se torna espontaneamente consciente, podendo, inclusive, nunca ter ocorrido o fato. Segundo Freud, a essência do masoquismo reside no seguinte: "Não é apenas o castigo pela relação genital proibida, mas também o substituto regressivo daquela relação, e dessa última fonte deriva a excitação libidinal que se liga à fantasia a partir de então, e que encontra escoamento em atos masturbatórios" (p. 237).

No caso do menino, quando a fantasia incestuosa – de ser espancado ou humilhado pelo pai e depois pela mãe, ou também de ser amado pelo pai e, portanto, de ocupar uma posição feminina em relação a ele – se converte em masoquista, a atividade é substituída pela passividade e, em vez do recalcamento do sentimento de culpa, este pode ser satisfeito pela regressão. Assim, "o menino burla o seu homossexualismo ao reprimir e remodelar a fantasia inconsciente [...]" (1919b, p. 248). No caso da menina, ocorre a combinação entre o recalque e a regressão.

Na terceira etapa, não é mais o pai que bate, mas um substituto seu, como o professor, e várias crianças apanham – em geral, meninos desconhecidos –, enquanto a autora da fantasia olha a cena sadicamente. Para Freud, "a fantasia liga-se agora a uma forte e inequívoca excitação sexual, proporcionando, assim, um meio para a satisfação masturbadora" (1919b, p. 233). Adverte que "contudo, apenas a *forma* dessa fantasia é sádica; a satisfação que deriva dela é masoquista" – devido ao sentimento de culpa. Isso porque "todas as crianças não especificadas, que estão sendo espancadas pelo professor, afinal de contas, nada mais são do que substitutos da própria criança" (p. 238). Essa fantasia pode ser lembrada conscientemente.

Freud conclui que: "A perversão não mais é um fato isolado na vida sexual da criança, mas encontra o seu lugar entre os processos típicos, para não dizer normais, de desenvolvimento [...]" (p. 239) – relacionando-se com o seu complexo de Édipo.

No entender do editor inglês James Strachey, "Freud fornece sua descrição mais completa do enigmático fenômeno do masoquismo" em *O problema econômico do masoquismo* (1924d, p. 197). Neste trabalho, Freud introduz o conceito de princípio de Nirvana – que expressa a tendência da pulsão de morte –, ao lado dos princípios de prazer – que representa as exigências da libido – e de realidade – que representa a influência do mundo externo.

Freud postula que: "Nenhum desses três princípios é realmente colocado fora de ação por outro" (1924d, p. 201). Mas, de qualquer modo, "a libido tem a missão de tornar inócuo o instinto destruidor e a realiza desviando esse instinto, em grande parte, para fora [...]". É, então, chamado de "instinto destrutivo, instinto de domínio ou vontade de poder" (p. 204). Uma parte desse instinto é colocada diretamente a serviço da função sexual e, para Freud, "esse é o sadismo propriamente dito"; outra porção fica dentro da psique e, com o auxílio da excitação sexual, lá fica libidinalmente presa – "É nessa porção que temos de identificar o masoquismo original, erógeno" (p. 204).

Na verdade, como já referido, o masoquismo se apresenta sob três formas: masoquismo primário ou erógeno – como condição imposta à excitação sexual; masoquismo feminino – como expressão da natureza feminina e masoquismo moral – como norma de comportamento. O masoquismo erógeno – prazer no sofrimento – jaz ao fundo do masoquismo feminino e do moral. Segundo Freud, este último é, sob certos aspectos, a forma mais importante e manifesta-se pelo sentimento de culpa, que, via de regra, é inconsciente (1924d).

No homem, o masoquismo feminino manifesta-se, em geral, pela impotência e suas fantasias se concluem pela masturbação – tendo por conteúdo manifesto "ser amordaçado, amarrado, dolorosamente espancado, açoitado, de alguma maneira maltratado, forçado à obediência incondicional, sujado e aviltado". O masoquista feminino "deseja ser tratado como uma criança pequena e desamparada, mas, particularmente, como uma criança travessa" – o que coloca o sujeito numa posição caracteristicamente feminina. Tais fantasias significam "ser castrado, ou ser copulado, ou dar à luz um bebê" (1924d, pp. 202-203); expressam sentimento de culpa, fator que fornece uma transição para o masoquismo moral.

No masoquismo moral – que é inconsciente –, há um afrouxamento de sua vinculação com a sexualidade, pois "o próprio sofrimento é o que importa" (1924d, p. 206), diz Freud. Uma forma patológica extrema desse masoquismo manifesta-se pelo "sentimento inconsciente de culpa", ou melhor, pela "necessidade de punição" – o que, na análise, se revela pela "reação terapêutica negativa" (pp. 207-208). Aqui, o conflito se estabelece entre o ego e o superego – herdeiro do complexo de Édipo. A necessidade de punição e sofrimento pode decorrer do sadismo do superego em relação ao ego ou do masoquismo do próprio ego, que busca punição do superego ou do exterior.

De acordo com Freud:

> A consciência e a moralidade surgiram mediante a superação, a dessexualização do complexo de Édipo: através do masoquismo moral, porém, a moralidade mais uma vez se torna sexualizada, o complexo de Édipo é revivido e abre-se o caminho para uma regressão, da moralidade para o complexo de Édipo (1924d, p. 211).

Daí a necessidade de punição, que coloca o sadismo do superego contra o ego, ao que se acresce o masoquismo do ego. O masoquismo moral é prova da fusão pulsional entre libido e pulsão de morte.

Treze anos antes de publicar *Fetichismo* (1927a), Freud proferiu uma conferência sobre "Um caso de fetichismo de pé", na sessão de 11 de março de 1914, na Sociedade Psicanalítica de Viena. De acordo com as minutas daquela Sociedade, ele inicia a conferência esclarecendo:

> *Trata-se de um caso tratado brevemente e sem sucesso, de um fetichista de 47 anos sofrendo de uma impotência psíquica. As particularidades deste caso têm permitido lançar uma nova luz sobre à gênese desta perversão e colocar em dia as premissas constitucionais e acidentais desta atitude. Essas premissas estão na base do "traumatismo da infância" de Binet, onde a perversão já está fixada.*

A história do caso e a reconstrução analítica do desenvolvimento sexual da enfermidade fazem sobressair os seguintes pontos de vista gerais relativos à gênese de uma perversão e, em particular, do fetichismo de pé:
Provavelmente uma acentuação excessiva da erogeneidade do pé e, em acordo com isso, uma estimulação sexual precoce e anormal, sem dúvida, provém da mãe, que era ela mesma sexualmente anormal.
Depois de uma regressão no curso do desenvolvimento sexual, em seguida da intimidação sexual, que se produziu na infância, entravando o desenvolvimento, e na puberdade, onde ela provoca a fixação. A perturbação da infância, no caso de nosso paciente, é produzida pela ameaça de castração por parte do pai e pela visão dos órgãos genitais da irmã (lembrança da infância onde ele deitou a cabeça entre as pernas de sua irmã nua); em razão de um raquitismo, a irmã portava ligas, e é de lá que vem o ideal do pé franzino e direito que excita.

Na cena "traumatizante" de seu sexto ano, cena onde o paciente se interessa pelo pé de sua governanta inglesa, a perversão aparece como já estando fixada. Mas ela permanece latente do início até a puberdade, quando o segundo grande susto diante dos órgãos genitais femininos (relações sexuais) lhe foi infligido por intermédio de seu preceptor (uma repetição das ameaças do pai). A isso se junta a significação simbólica do pé, que recoloca o pênis faltante da mulher (em seguida da castração [o paciente sonha que sua mulher possui um pênis]). Pouco depois dessa intimidação durante a puberdade, aparece a impotência, que dura até o presente.
Seu interesse muito precoce pelo pé (estender-se ao sol como um gato, ficar sob a mesa) se explica pelo fato de que ele quer ver os órgãos genitais a partir de baixo. O grande traumatismo relativo a sua irmã, entretanto, produziu uma inibição de sua curiosidade sexual; é a partir disso que começa sua regressão: seu interesse é reenviado em direção ao ponto de partida de sua investigação sexual, isto é, o pé. Em consequência, uma outra condição se constitui – uma predominância da pulsão de ver e uma fixação pelo viés da regressão tópica ou "geográfica".

Enfim, o fetichismo de pé dispensa, como subdivisão, o masoquismo, que está ligado à relação ao homem e à mulher. Entretanto, o fator mais importante é a atitude da criança à vista da intimidação sexual: de um lado, ela se debaterá e defenderá o seu pênis; de outro, aceitará a castração e se resignará ao papel feminino. A questão de saber se ela se volta em direção à atividade ou à passividade parece depender da disposição primária bissexual; isto é determinante para o acesso à neurose ou à perversão. Qualquer um que foi intimidado cedo por um homem terá tendência de ser masoquista em relação à mulher, e inversamente. A mais breve fórmula para o fetichista de pé seria: um voyeur secreto masoquista.

No final da minuta de 11/03/1914, Herman Numberg, um dos editores, registra em rodapé: "Segundo minha experiência, parece que o fetiche de pé se situa no limite da esquizofrenia, isto é, que o fetichista tenta manter a relação com o objeto pela mediação do fetiche (como símbolo do objeto)" (pp. 278-282) – cujo papel é ao mesmo tempo aceito e negado, graças à cisão do ego.

No meu entender, em *Fetichismo* (1927a), Freud alça o fetichismo como o protótipo das perversões, sobretudo se considerarmos, em acordo com Piera Aulagnier, que um fetiche está invariavelmente presente em todas as perversões, seja como um sapato ou um chicote. Para Freud, o fetiche é um substituto do pênis da mãe fálica – que vem revelar a recusa da ideia da castração feminina (atitude que se ajusta ao desejo) e, ao mesmo tempo, o seu reconhecimento (atitude que se ajusta à realidade), e daí a cisão do ego e a coexistência do reconhecimento e da recusa da castração materna – em virtude do "horror da castração". Segundo Freud, o fetiche "salva o fetichista de se tornar homossexual" (1927a, pp. 180-181).

De acordo com Freud, em todos os casos de perversão sexual, não contam: a vergonha, a repugnância, a moralidade, a dor e o horror.

Conforme observa McDougall (1989), "Por razões inerentes à sua estrutura, a perversão corre o risco de se transformar numa sexualidade sem amor" (pp. 68). Isso é o que se constata no que a autora entende como formas perversas de sexualidade: a "neosexualidade" e a "sexualidade aditiva" – quando a sexualidade é usada como droga –, por meio das quais se evitam um duplo perigo: o de "não ter direito a todo e qualquer desejo" e o de "perder-se na relação com o outro" (p. 12).

Como revelam os personagens do romance de Sade, as fixações pré-genitais presidem a satisfação sexual – sendo que estas não se restringem à oralidade e analidade, mas abrangem a visualidade, a audibilidade, a olfatividade etc., enfim toda a sensorialidade experimentada por nossos órgãos dos sentidos e pela pele.

Para Aulagnier (1975/1979), essa é a matéria-prima do modo originário do funcionamento psíquico, cuja função é representar o vivido na psique por meio de um pictograma de fusão (se houver prazer) ou de rejeição (se houver desprazer) – ignorando todo signo de relação entre a zona erógena e o objeto complementar, cujo protótipo é o pictograma boca (do bebê)-seio (materno). Esse modo originário do funcionamento psíquico vai coexistir de modo mais ou menos conflituoso com o primário (que é o modo de funcionamento do inconsciente) e o secundário – que rege o Eu ou instância enunciante, a qual é representada pictograficamente como uma zona-função, cujo objeto complementar é a ideia.

Segundo Aulagnier (1975/1979), nas psicoses há uma força de atração exercida pelo modo originário do funcionamento psíquico, o que coloca obstáculos ao exercício das funções do Eu – de pensar e de investir –, podendo gerar-lhe angústia, em decorrência da perda pelo Eu de todas as suas referências identificatórias. Como as perversões estão entre as neuroses e as psicoses, considero lícito supor que aí também ocorra uma força de atração do originário, manifesta pelo caráter regressivo das satisfações sensoriais buscadas, como vimos, pelos personagens de Sade. Além disso, mais do que libido, a pulsão de morte parece dominar a cena, manifestando-se pela vontade de poder e de domínio, pela agressividade, destrutividade e crueldade, bem como pela ausência de repugnância, vergonha e moralidade.

Nas palavras de Aulagnier, no já referido artigo "Aspectos teóricos das perversões" (1965), se o fetichista pode se prestar ao riso, se o exibicionista indigna, se o voyeurista suscita um tipo de comiseração,

> [...] o sádico, como o masoquista angustiam. Seu agir é um desafio lançado ao que, para todo homem, parece ser o mais estável, o mais assegurado por seu julgamento, o que não se presta a nenhuma discussão, o que se chamam verdades "seguras" [...] que o amável é o que é bom, que o repugnante é o que é sujo, que o prazer se define como o contrário da dor, que o sofrimento é punição ou expiação, mas jamais busca de prazer, que o amor é a vida e que a morte está sempre alhures de onde estamos (p. 220, tradução minha).

Para Aulagnier, tanto o sádico quanto o masoquista impõem ao espectador a inversão total de seu mundo interno, desvendando-lhe uma outra dimensão da dor e da morte.

De bom grado, enquanto leitora de *Os 120 dias de Sodoma*, eu estenderia tal imposição aludida por Aulagnier a todas as perversões manifestas pelos personagens de Sade, ainda que o escritor supostamente almejasse dedicar sua obra à libertação do homem das opressões decorrentes de um mundo socialmente instituído.

Ainda que faça parte da condição humana realizar coisas tão edificantes e sublimes quanto torpes, vis e cruéis, é de causar repugnância no leitor de Sade a verdadeira degradação humana de seus personagens, ao se transformarem em seres simplesmente bestiais!

Voltemo-nos ao termo "libertino" pelo qual se definem tanto os heróis da narrativa de Sade quanto o próprio autor. Segundo Serge André (1995), essa palavra constitui um traço de união entre a vertente sadiana e a masoquista da fantasia sádica. "Libertino", diz ele:

> [...] era alguém que tinha a pretensão de não se submeter ao discurso dominante, ou seja, às crenças da religião e à regulamentação dos costumes que delas decorria [...] O libertino tencionava destronar esse deus [cristão] em prol de uma celebração da Natureza [...] O libertino, em suma, deslocava o valor de verdade do polo do saber para o polo do gozo (p. 21). – gozo do carrasco, na fantasia sadiana.

E, paradoxalmente, o libertino Sade viveu a maior parte de sua vida aprisionado por decreto real, "ocupando a posição que, em suas narrativas, ficou reservada à vítima: a do sujeito a ponto de desaparecer [...]" (p. 23).

Se, por um lado, não pretendo patologizar o escritor Sade, por outro, pensar e escrever histórias tão degradantes, ainda que humanas, não o livra de, por meio delas, realizar seus desejos – pois, como afirma Freud (1900, p. 604): "O pensamento [...] nada mais é do que um substituto de um desejo alucinatório [...] uma vez que nada mais, a não ser um desejo, pode colocar nosso aparelho mental em ação".

No caso de Sade, é lícito supor o caráter desse verdadeiro desejo de não desejo presente em sua obra, a partir de alguns de seus dados biográficos relatados por Maurice Lever (1991), em seu livro *Sade*. À minha leitura livre desta biografia acrescento aquela realizada por Elisabeth Roudinesco, para quem a biografia "permite relacionar sua vida e a gênese da obra" (2008, p. 59).

De acordo com Maurice Lever, o marquês Donatien Alphonse François de Sade era filho do conde Jean Baptiste Joseph de Sade e da condessa Marie-Éléonore de Maillé de Carman.

Segundo Lever (1991):

> Donatien passou todos os anos da primeira infância entre seu tio e seu preceptor, sem outra presença feminina [...] Separado de sua mãe na idade de 4 anos [...] foi fechado numa fortaleza com um padre libertino, rodeado de filhas da devassidão; todos os ingredientes do romance sadiano encontram-se reunidos neste traumatismo inicial: o castelo do abade de Sade exerceu a dupla e paradoxal função que será aquela de Silling: infligir o suplício e proteger do castigo, aprisionar o mal e liberar o crime (p. 68).

Conforme a leitura realizada por Roudinesco acerca do livro de Lever, Sade passou sua infância entre um pai "libertino, devasso e sodomita", que gostava de meninas e meninos, e uma mãe "que o entregou bem jovem à amante de seu pai, a esposa do príncipe de Condé". Com a morte do príncipe, Sade foi adotado pelo irmão deste, o conde de Carolais, "conhecido por sua crueldade e depravação" (p. 59).

Aos 5 anos, Sade deleitava-se em infligir todo tipo de violência às outras crianças, sem manifestar afeto ou culpa. Por isso, seu pai o enviou para a comunidade de Saumane, em Provence. Lá, mimado pelas freiras, passou a manifestar crescentes arrogância e fúria, até que foi posto sob a tutela de seu tio, Paul Alphonse de Sade – "abade libertino, voltairiano e erudito, apaixonado pela flagelação e a pornografia", o qual vivia com uma mulher e a filha, das quais "dispunha a seu bel-prazer". Entregava-se "à devassidão com lavadeiras e prostitutas" na presença de Sade.

Aos 10 anos, Sade deixou Saumane e voltou a Paris, ingressando num colégio dirigido por jesuítas, o famoso

Louis-le-Grand, onde diariamente se praticavam castigos corporais com chibata.

De acordo com Lever (1991), "Donatien viveu sua infância e adolescência numa estreita simbiose com seu pai; simbiose afetiva inegavelmente, mistura de ternura e de confiança recíprocas, mas também de conivência literária e intelectual" (p. 23).

"Esta comunidade entre pai e filho toma maior relevo quanto mais a mãe praticamente não existe [...] ela ocupará pouco lugar na vida de Donatien" – lugar a ser ocupado pelas mães substitutas como Madame de Saint-Germain ou Madame de Raimond. "Mas estas mulheres, ex-amantes do pai (ao menos a última), jamais preencherão o vazio deixado pela mãe verdadeira. Mulheres 'decaídas', elas representam mesmo o oposto da dicotomia 'virgem-mãe' original, idolatrada e depois repudiada pelo filho" (Lever, 1991, p. 24).

Segundo Roudinesco (2008), na adolescência, Sade já havia se iniciado pelos professores e colegas na sodomia. Passava os verões no campo com uma ex-amante de seu pai, a Madame de Raimond, na companhia de um grupo de mulheres "mais ou menos libertinas" – que o masturbavam e davam-lhe banho de óleo de amêndoa, "o que extasiava o conde, que ficou literalmente apaixonado pelo filho". Introduzido no mundo da aristocracia, Sade inicia-se na "prática da libertinagem" (pp. 59-60).

Conforme interpreta Lever (1991, p. 24), "contrariamente ao que se passa em geral, o conflito inicial em Sade foi determinado não pelo ódio ao pai, mas pelo ódio à mãe (distante, ausente, indiferente, enquanto o pai não parava de proteger seu filho)". Lever cita Pierre Klossowski, para quem, sem dúvida, este conflito, que é mais raro e geralmente menos manifesto – ódio à mãe –, favoreceu a singularidade da ideologia sadiana.

> Acha-se pois, na presença de um complexo edipiano negativo. Longe de matar o pai, faz aliança com ele e volta contra sua mãe todo o poder de sua agressividade. Assim que ele vê, um pouco mais tarde, se perfilar a temível maternidade de sua bela mãe, a presidente de Montreuil, a pulsão de morte e de profanação passará para o campo da consciência. Um ódio devastador se abate sobre todos os valores matriarcais: compaixão, ternura, consolo, sacrifício, fidelidade [...].

Lever interpreta que Donatien reprimirá os signos maternos em prol do desprezo e do sarcasmo.

> Sua obra oferece um extraordinário caleidoscópio de todas as torturas, físicas e morais, que um filho (ou uma filha) está apto a infligir a sua mãe. Vê-se se desdobrar a mesma jubilação a fustigar a maternidade, a aviltar, a humilhar, a reduzi-la a sua condição primeira de objeto de prazer [...] De fato, a mãe é encarada por Sade como o principal obstáculo às relações diretas entre o pai e o filho. Isto já é uma boa razão para odiá-la (Lever, 1991, p. 24).

Segundo este biógrafo, Sade:

> [...] cresceu com a convicção de pertencer a uma espécie superior [...] Muito cedo se acreditou acima dos outros e autorizado a servir-se dos outros segundo o seu prazer, a falar e a agir como mestre, sem nenhuma censura de consciência ou de humanidade [...] Cego ao mundo ao seu redor, não tardará a se fechar atrás do muro da incomunicabilidade e da incompreensão que o separa dos outros que o rodeiam, mesmo daqueles que ama – sobretudo daqueles que ama (Lever, 1991, pp. 60-61).

Lever relata que Sade tinha 13 anos quando seu pai se mostrou encantado com o filho, devido às suas "disposições para a libertinagem!". Prematuramente, aos 14 anos, seu pai o tira do colégio, enviando-o ao exército. Para Lever, o pai de Sade assumia "o duplo papel de mãe e de pai" de seu filho – até depois de sua maioridade (1991, pp. 80-83).

No meu entender, assumir duplo papel – seja o de pai *e* o de mãe, seja o de homem *e* o de mulher – implica em não assumir identidade alguma! Assim é que Sade parece não ter tido nem mãe nem pai. E isso pode se comprovar, quando, aos 20 anos, numa carta ao pai, ele escreve: "abro a você o meu coração, não como a um pai, a quem frequentemente se teme sem o amar, mas como ao mais sincero amigo, ao mais terno que creio ter no mundo" (Lever, 1991, p. 105). Ora, pai é para ocupar o lugar de pai, desempenhando a função de pai e não a de amigo!

Lever relata que Sade (1991, p. 111) "cai loucamente de amor por uma deslumbrante pessoa [...] que se torna sua amante", depois dele haver querido desposá-la – Laure-Victoire Adeline de Lauris. Mas, apesar de "não querer se casar senão segundo o seu coração", Sade se curva frente aos desígnios do pai e, aos 23 anos, casa-se com Renée-Pélagie de Montreuil.

Ela era rica, mas desprovida de charme; tinha maneiras masculinas, andar de romeira e não fazia nenhum esforço de elegância, ao que se acrescentava uma educação negligenciada, com poucas leituras. Contudo, era uma "mulher geralmente resoluta, ativa, realista, de uma perfeita lealdade, a quem não faltava espírito crítico e nem reflexão" (Lever, 1991, p. 114).

De acordo com Lever (1991), a sogra, Mme. de Montreuil:

> [...] incarnará a seus olhos a matilha uivante, sedenta de justiça e de reparações. Ele não é, senão, culpável: ela fará dele um acusado. Pior: um criminoso. Pouco a pouco, ela verá suas faltas; visão de horror contra a qual ele tentará reagir pelo insulto e calúnia. Mas, através dela, é sua própria natureza que ele tentará reduzir a nada; é sobre ele mesmo que dirigirá suas

> pulsões de morte. O carrasco se fará vítima diante deste outro carrasco que é a mãe de sua mulher, mas sobretudo a imagem da mãe, de *sua* mãe, de todas as mães (p. 122).

Segundo este biógrafo (1991, pp. 124-126), "sabe-se que seus fantasmas sexuais sempre privilegiaram a sodomia (homossexual e heterossexual[1]) sobre toda forma de prazer". No século XVIII, o casamento não constituía um obstáculo à libertinagem. Assim, casado em maio, desde o mês seguinte, tendo o conhecimento de sua sogra, Sade se encontrava com outras mulheres, que não a esposa, nos diferentes imóveis alugados, como Jeanne Testard – de certa forma, vítima de um ritual sádico proposto por ele.

Como elucida Roudinesco (2008), ela era uma jovem operária que, apesar de grávida, às vezes fazia "programas". Quanto a Sade, "Um dia, ao mesmo tempo em que ejaculava num cálice, introduziu-lhe hóstias no ânus, depois de se flagelar com uma palmatória em brasa. Obrigou-a no fim a blasfemar e tomar um laxante para que se aliviasse sobre um crucifixo" (p. 61). Denunciado, Sade foi preso na torre de Vincennes.

Roudinesco (2008) sublinha que, antes de se casar, quando estava no exército como tenente, Sade passou alguns anos nos campos de batalha – onde revelou uma "inclinação irreprimível para o assassinato". Foi depois de se tornar "jogador e devasso" que ele foi viver em Paris, onde se casou com Mlle. De Montreuil, "jovem e rica burguesa, mais para feia, de feições viris e maltrapilha" – a quem ele infligia "toda sorte de baixezas, surras e injúrias", além de manter com a sogra uma relação sadomasoquista. O casamento não lhe impediu

---

1 Note-se que a sodomia heterossexual é de mão única, posto que a mulher é desprovida de órgão genital que penetre, dispondo de dois orifícios: um vaginal, que a diferencia do homem, e um anal – e que, portanto, não é genital –, que é igual ao do homem!

de entregar-se "a seus vícios" – perversos, tendo a mulher como vítima e cúmplice.

Torna-se "o homem mais devasso do reino da França", e é na prisão que começa a escrever livros, tendo transformado "sua vida em matéria-prima de uma obra vindoura" (pp. 60-61).

Aos 27 anos, Sade perdeu o pai. E, aos 28 anos, teve um caso com Rose Keller, a quem, de certa forma, também impunha rituais sádicos como sodomia, flagelação, blasfêmias. Conforme esclarece Roudinesco (2008), ela era uma "fiandeira de algodão relegada à mendicância" (pp. 60-61). Denunciado, Sade é processado e preso em seu castelo.

De acordo com o biógrafo Lever (1991):

> [...] chicotear uma mulher sem defesa consiste num ato ignóbil, quaisquer que sejam as secretas pulsões do torturador. Se os escritos de Sade, ainda que sejam cem vezes mais cruéis, se justificam pelos direitos do imaginário e da liberdade ligada às obras do espírito, não ocorre o mesmo quando se trata do indivíduo (p. 166).

Em ambos os casos – o de Rose e o de Jeanne –, segundo Lever (1991):

> [...] constatamos que a tortura é mais cerebral do que real. O prazer de Sade provinha sobretudo do terror que ele, infelizmente, inspirava, em persuadindo-a que ela não sairia viva, ou em fazendo-a crer que ele a feriria. A perversão consiste menos em fazer sofrer do que em amedrontar (p. 172).

Da vergonha de si à alienação: um beco sem saída

"Não se pode gozar o presente sem compreendê-lo e não se pode compreendê-lo sem conhecer o passado".[1]
Sigmund Freud

Em *A perversidade da* *exclusão social* (Violante, 1997, pp. 53-62), sugeri que a *alienação* pode ser um dos destinos psíquicos, sobretudo para aquelas pessoas constrangidas socialmente a viverem no nível da necessidade e do imediato. Trata-se do que Freud entendeu como sendo a "fonte social de sofrimento", atribuindo-a à "inadequação das regras que procuram ajustar os relacionamentos mútuos dos seres humanos na família, no Estado e na sociedade" (Freud, 1930b, p. 105).

Acrescento aqui que, para muitos desses sujeitos, a *alienação* à qual se entregam é favorecida pelo sentimento de *vergonha de si*. Isso os conduz a erigir um projeto identificatório fálico, isto é, grandioso e idealizado. Para eles, não basta ser

1 Carta de Freud a Martha Bernays, em 08 de julho de 1882. In *Sigmund Freud – Su Vida en Imágenes y Textos*. Argentina: Paidós, 1979, p. 93. Igualmente, não se pode gozar o presente e nem compreendê-lo, sem poder ter esperanças no futuro.

um ladrãozinho medíocre, que cai nas malhas da polícia e na prisão. Aspiram a ser um Al Capone ou o personagem do filme *O poderoso chefão*, representado por Marlon Brando – um mafioso rico, respeitado, temido e que se livra de qualquer punição em nome da lei.

Isso é o que venho refletindo há anos, após iniciar meus estudos de psicanálise, em 1986. Tal suposição dá-se *a posteriori* ao estudo empreendido em minha dissertação de mestrado no campo da psicologia social (Violante, 1981). Naquela época, de junho a dezembro de 1979, entrei na Fundação Casa-SP na condição de pesquisadora, sem vínculo empregatício com a instituição, tendo tido acesso ao que me foi permitido. Em 1983, na fase inicial do primeiro governo democrático de São Paulo – o governo Franco Montoro –, trabalhei naquela instituição como psicóloga. Foi então que me dei conta da insuficiência da abordagem psicossocial para captar a subjetividade das crianças e adolescentes lá internados. Graças a Wilhelm Reich, ex-discípulo de Sigmund Freud, fui motivada a adentrar no campo do saber psicanalítico. Reich (1974) sugere que cabe à psicanálise explicar o que é irracional e, portanto, não lhe cabe explicar porque os famintos roubam, mas porque tantos famintos não roubam.

Atualmente, disponho de lentes mais finas e precisas de leitura acerca de quem é aquele sujeitinho humilhado na sociedade e, em particular, na própria instituição que tem a falsa pretensão de domesticá-lo. Por isso, à "perversidade da exclusão social", há que se acrescentar a "perversidade institucional" – mesmo que se tenha mudado eufemisticamente o nome Febem para o de Fundação Casa.

É dentro desse contexto que imaginariamente me reencontro com os jovens que lá conheci: Magia Negra e Banguela, que desvendam indubitavelmente a perversidade institucional, assim como Dunga, Motoca, Soneca, Zoeira, Peninha e Poupança.

Tal psicanálise a distância é perfeitamente factível, uma vez que sigo o exemplo de Freud. O criador da psicanálise não coletou por meio da técnica psicanalítica de tratamento dados a respeito de: Leonardo da Vinci (1910b), Schreber (1911), Christoph Haizmann (1923d) e Dostoiévski (1928), entre outros escritos.

Antes, Freud procedeu a uma leitura psicanalítica – com base na teoria e no método psicanalíticos – dos respectivos textos acerca daqueles personagens históricos, que viveram muito antes dele.

Então, o que denomino "perversidade institucional" se encontra na própria razão de existência da instituição que pretensamente busca incluir o excluído! Estranha finalidade que dá emprego a tanta gente que, ingenuamente ou não, leva a cabo práticas institucionais marcadas pela perversão, dentre as quais saliento as sevícias das quais o interno é vítima.

Segundo o *Novo dicionário da língua portuguesa* (Ferreira, 1986, p. 1580), o verbete *sevícias* (note-se que está no plural) tem o significado de: "maus-tratos; ofensas físicas; atos de crueldade; desumanidade". Ao que acrescento as sevícias de caráter sexual e as psicológicas, como os atos de humilhação, extorsão, ameaças à integridade física e do Eu.

A esse respeito são paradigmáticos os casos de Magia Negra e o de Banguela.[2]

Magia Negra tinha 17 anos quando o conheci numa unidade da Fundação Casa-SP destinada ao atendimento de "abandonados" e "assistidos", que se localizava na rodovia Raposo Tavares.

Era um jovem alto, magro, tipo meio aloirado. Gostava de desenhar símbolos como cruz, cobra envolvendo um cálice etc.

---

2 Todos os dados aqui relatados foram obtidos, na época, por meio de observações diretas, entrevistas e consultas ao prontuário de cada adolescente.

Ele tinha de 9 para 10 anos de idade quando seus pais se separaram. Ele e seus irmãos foram morar com a avó paterna. Após o falecimento desta, cada criança foi morar com um parente. Depois que o pai se casou novamente, Magia Negra foi morar com ele e a madrasta. Pouco tempo depois, após a separação do casal, o menino foi morar com sua madrinha. Mas, esta o expulsou de casa, quando ele se desentendeu com uma inquilina sua.

O pai era torneiro mecânico, tendo cursado até a quarta série do primeiro grau. Morava numa pensão e estava trabalhando num hotel como violinista. Opunha-se à possibilidade de o filho morar com a mãe, por achar que ela era "alcoólatra e não tinha boa conduta".

Então, aos 14 anos, Magia Negra foi internado pelo pai, como "assistido", numa unidade da Fundação Casa, em São Paulo. Após um ano de internação, o rapaz saiu com autorização, mas não regressou à unidade. O pai, que estava viajando, ao voltar, deu por falta de seu carro e apresentou queixa na Delegacia. Magia Negra foi apreendido com o automóvel do pai e portando maconha.

Seguiu para a Unidade de Recepção (UR) para "infratores", onde ficou durante um ano, e depois foi para a Unidade de Triagem (UT) para "infratores", lá permanecendo durante seis meses. Finalmente, o jovem angariou a classificação jurídica de "infrator". Contudo, foi reinternado na unidade de onde fugira, na qual cursava a terceira série do Supletivo Fundação Casa. Magia Negra gostava de tocar na banda daquela unidade, talvez buscando uma identificação com o pai, que tocava violino.

Um dia, o garoto fugiu, indo para a casa do pai, mas este o trouxe de volta à instituição porque, segundo ele, não podia ficar com o filho, pois este não o atendia, era agressivo e chegava drogado em casa.

De volta àquela unidade, Magia Negra foi cruelmente castigado: apanhou, ficou com o rosto ferido e foi proibido de tocar na banda! Mais do que antes, seu olhar tornou-se distante, pouco sorria e vagava pelo pátio sozinho ou com algum colega.

Mas fabuloso é o mecanismo projetivo dos agentes institucionais – técnicos, inspetores e diretor – que o viam como "mau elemento, pernicioso", querendo que ele fosse transferido para outra unidade, se possível, fora de São Paulo. E a psicóloga deu respaldo ao desejo dos colegas e da direção, ao escrever: "evidencia desenvolvimento emocional incompleto. No momento, é altamente influenciável, dada a ausência de referencial próprio. Apresenta forte sexualidade em conflito, dependência da vitalidade sexual. Ego pouco estruturado e frágil para integrar seus conflitos intrapsíquicos". Orientou que ele deveria ser levado "a contatuar mais adequadamente com a realidade" (sic.).

Ignorância maior, impossível! Magia Negra, assim como os demais adolescentes, desde a infância entraram em contato com uma realidade cruel, sem que pudessem contar com um anteparo familiar – a começar pelo materno –, que minimizasse o impacto de um real inominável sobre uma psique incipiente, em vias de organização. Quanto mais distantes e/ou ausentes, mais idealizados são os pais – mãe e/ou pai. Então, pretender ser "malandro" – burlador da lei, mas esperto o suficiente para se esquivar da punição – torna-se um ideal a ser perseguido. Apesar desta idealização infantil da malandragem, os adolescentes sabem que os ricos, a polícia, o chefe do tráfico, os políticos roubam e não acontece nada com eles, pois se safam perante à lei, tendo um bom advogado e, às vezes, nem isso, basta ter dinheiro! Assim, as portas que dão acesso à alienação estão abertas!

Um dia, Magia Negra saiu da unidade sem autorização, mas retornou. Foi severamente castigado com uma surra, que lhe deixou marcas no corpo. Naquele mesmo dia, com uma fisionomia mista de tristeza e raiva, enquanto esperava pelo almoço no refeitório, ele quebrou a vidraça com o braço, ferindo-se e querendo se cortar com um caco de vidro. Em conversa comigo, disse-me: "fico injuriado da vida, dá vontade até de morrer...".

O sentimento de impotência adiante da vida – a começar pelos pais, a miséria, a instituição – é tão avassalador que o ódio volta-se, muitas vezes, contra si mesmo. É o que pude constatar nos sujeitos portadores de potencialidade melancólica (Violante, 1995), talvez o avesso de muitas potencialidades delinquenciais.

Magia Negra foi enviado à enfermaria, dopado com 10mg de Diempax. Segundo registro no Boletim de Ocorrências, "está sob severa vigilância". À noite, ele foi levado para o Sanatório Vera Cruz, no Jaçanã.[3] De acordo com os técnicos da Fundação Casa, a internação no sanatório devia-se mais ao fato de que o rapaz "está causando muita desordem na casa"; e, segundo o laudo psiquiátrico: "[...] quando no uso desta [maconha], praticou atos de vandalismo – quebrou vidros –, tentando contra sua vida, sendo necessária uma internação psiquiátrica" (sic.).

Dirigi-me ao sanatório para visitar Magia Negra, mas fui impedida de vê-lo, pois ele estava no Q.F. (quarto forte, isto é, solitária) – "[...] para não fugir, e sob medicação, até tranquilizar um pouco...". Ademais, disse-me o psiquiatra que sua saída seria em breve porque considerava que o jovem era "P.P. (personalidade psicopática). Só de olhar, já sei..., nem adianta mandar para cá porque não tem jeito..., ele só vai ficar uns dias, até se acalmar... É o tipo do P.P., com crítica rebaixada, inteligente, tem crises histeriformes, envolvimento com maconha, furto, põe a culpa nos pais, dizendo que se

---

3 De tão terríveis as condições de atendimento naquele sanatório, ele já foi alvo de denúncias e processos jurídicos; mas hoje, desconheço se foi fechado ou não, ou ainda, se só mudou de nome, pois os donos eram ricos e influentes.

sente rejeitado, que ninguém o entende, que o mundo está contra ele... O prognóstico é péssimo! Não há o que fazer... trata-se de um sociopata. Não existe estrutura que comporte o P.P., ninguém aguenta! Está no Q.F. porque, se não, com certeza ele foge... Vai ficar pouco tempo aqui, até dar uma acalmada... Imagine, ontem, se agrediu com o cabo da colher, depois de tê-la quebrado...".

Inútil querer discutir um diagnóstico psiquiátrico imbecil com quem não entende e não quer entender o outro em sua subjetividade! (Violante, 2002). Aulagnier (1986/1990) tem um conceito interessante, que é o de telescopagem, que significa que a fantasia adquire maior dificuldade de ser elaborada quando ela recebe reforço da realidade. Este era o caso de Magia Negra se sentir rejeitado. De fato, ele estava no mais completo desamparo! E quem é pago – com dinheiro do contribuinte – para compreendê-lo, não o entende, aliás, não deve entender de ninguém, nem de si próprio.

No decorrer da semana que o menino passou no sanatório, os técnicos da Fundação Casa encarregaram-se de preparar a sua remoção da unidade, destinando-lhe uma unidade para "infratores", uma vez que ele foi considerado "infrator estruturado".

Ora, ou bem o garoto dispunha de "ego pouco estruturado e frágil" ou bem se tratava de um "infrator estruturado" – com "ego pouco estruturado"?

Magia Negra chegou do sanatório e foi direto para a unidade de "infratores", na rodovia Raposo Tavares. Estava mais magro, pálido, deprimido, com lábios e mãos trêmulos. Estava tomando remédio para "desimpregnar" (Auxovit, Akineton, Thiaminose), uma vez que fora "impregnado" com Neuleptil, "em vista de suas reações de frustração, impulsividade, hostilidade, irritabilidade e desajustamento" (sic.).

Ao reler psicanaliticamente e reescrever este caso, não posso me furtar de remeter o leitor a Foucault, em seus livros História da Loucura e Microfísica do Poder – *em particular, quanto ao poder dos chamados laudos psicológicos e psiquiátricos.*

Fui visitar Magia Negra naquela unidade, mas ele havia sido removido para a Enfermaria porque, segundo constava, sentia-se fraco, sem vontade para nada e dor de cabeça. Lá permaneceu por alguns dias e, quando me viu, disse-me: "a senhora vê, tia, o que fizeram comigo? A senhora vê do jeito que eu era e como estou? Antes eu era esperto, agora me sinto fraco..., estou impregnado..., não consigo fazer nada, estou com dor de cabeça... Dá vontade de me matar..., qualquer dia faço uma bobagem, fujo daqui... Mas, também, fugir para passar fome lá fora? Minha mãe e meu pai não podem ficar comigo...".

Desamparo total! Um convite à alienação...

Banguela era um mulato mirrado e desdentado, de olhos escuros, reluzentes e amendoados. Tinha 17 anos quando o conheci na unidade destinada ao atendimento de "infratores", na rodovia Raposo Tavares.

Depois do falecimento do pai, o menino passou a morar com a mãe, que era tecelã, com o padrasto e um irmão mais novo. Contou-me que eram pobres e que o dinheiro mal dava para comer. A família morava numa cidade do interior de São Paulo, onde Banguela chegou a fazer pequenos serviços, como lavador de carro. Disse-me que começou a roubar não por ser pobre – "o que é vergonhoso por si só" –, mas "[...] pelas más companhias..., se eu tivesse seguido os conselhos de minha mãe..., é uma aventura..., e para muitos menores, pode perguntar, é uma aventura, a gente conta e tal...".

Conforme referi anteriormente, para muitos desses jovens, pobres e analfabetos, ou semialfabetizados, é uma glória ser "malandro" – como tantos os que temos em todas as classes sociais e ocupando o espectro todo da hierarquia da mão de obra inserida no mercado formal de trabalho.

Banguela tinha 15 anos quando foi internado na Unidade de Triagem (UT) para "infratores", em São Paulo, "por coautoria em furtos qualificados". E o parecer técnico assim o sentenciou: "encontra-se em vias de estruturação".

Apesar de ser considerado "infrator primário", talvez por estar supostamente "em vias de estruturação", o moleque foi enviado para uma unidade mais fechada de "infratores", em Ribeirão Preto.

Depois de dois meses lá internado, Banguela fugiu e foi internado novamente após cinco meses, na unidade da Raposo Tavares, em São Paulo. Lá cursava a quinta série do Supletivo Fundação Casa, quando, como castigo – porque havia pulado o muro duas vezes, "perturbou a aula jogando palitinho" e foi "pego em 'fragante' com maconha" (sic.) –, foi transferido para a unidade de "infratores" em Mogi Mirim – que era, até então, a mais fechada, um verdadeiro presídio.

Banguela seguiu para Mogi Mirim sem saber o motivo, tendo sido pego de surpresa.

Lá fui visitá-lo. Banguela entrou cabisbaixo e com passos tímidos na imensa sala do diretor daquela unidade – *que, como todas, é eufemisticamente denominada "educacional"*. O inspetor que levou o menino até a sala permaneceu fora dela, mas ao lado da porta, depois que ele entrou. Demonstrando indignação e revolta, Banguela queria saber o motivo daquela absurda transferência, dizendo-me: "Eu não fico aqui oito meses, vou fugir! Não aguento mais a Fundação Casa, não dá mais..., acho que estou ficando meio bobo... Muito tempo aqui dentro, a gente fica bobo. Aqui, leva borrachada à toa. A gente é tudo escravo..., a gente trabalha pra eles... É melhor trabalhar do que ficar sem fazer nada, mas não tem nada de interessante pra fazer..., fico na cozinha dando uma força... Se ao menos eu tivesse alguém pra me visitar... Aqui, é tudo enrustido, ninguém fala nada..., só pode conversar com a assistente quando ela chama..., a gente fica jogado... e nem sei ainda porque estou aqui...".

Inútil responder que ele estava lá devido à crueldade e ignorância do que vem a ser o processo educativo por parte dos agentes institucionais da Fundação Casa – que, aliás, não existe nem para educar e, muito menos, "reeducar". Existe para apaziguar a sociedade, que suporta, sem qualquer culpa e responsabilidade, que vivamos num dos países socialmente mais injustos do mundo todo!

A respeito de si mesmo, Banguela me disse: "Os outros pensam que a gente não presta..., mas eu acho que eu presto, dou valor pra mim mesmo, pro meu corpo...; quando os outros dizem que não presto, fico com raiva e reajo, se estou lá fora...".

Pois, dentro da instituição, ele não pode reagir se o xingo vier de um agente institucional, o que é muito comum...

Em continuidade, ele disse: "Às vezes, fico até na dúvida, se presto ou não..., não sei por que vim pra cá..., é isso que me deixa invocado...". Concluiu que "roubar não dá camisa pra ninguém..., dá, mas ela rasga logo... O fim da malandragem é a cadeia, senhora..., roubar não dá futuro".

Pena é que esta conclusão à qual chegou, a única que poderia salvá-lo da alienação, não recebe de nenhum lado e de nenhum ponto de vista força para se sustentar e para reverter o processo alienante, transformando-o num processo de politização.

Após mais de um ano que não o via, fui visitar Banguela no "ex-presídio" de Sorocaba, que se tornou uma outra unidade da Fundação Casa destinada ao atendimento de "infratores".

Qual não foi minha surpresa, quando me deparei com um mulato que não era mais mirrado, mas balofo, inchado, de barriga proeminente, pálido e de olhos tristes. Ele me relembrou que "sem bronca" havia sido transferido para a unidade de Mogi Mirim. Mas, com a desativação dela, os agentes institucionais de lá decidiram encaminhá-lo para aquele verdadeiro presídio!

No relato desses dois casos, pretendi colocar em relevo o que estou designando de "perversidade institucional" – indubitavelmente incapaz de reverter o destino funesto dos jovens que pretende domesticar.

Acrescento, agora, breve menção a outros casos, a fim de evidenciar o beco sem saída em que se encontra o jovem que recorre à alienação para defender-se da vergonha de si.

Dunga era um jovem mulato claro de 17 anos, quando o conheci, na unidade de "infratores", na rodovia Raposo Tavares, em São Paulo.

Sua fala coloca em evidência o sentimento de vergonha que é comum à maioria desses jovens: "Prefiro roubar do que pedir alguma coisa para alguém... Sinto vergonha...". A respeito dos colegas, disse-me que "muitos querem ficar importantes roubando, e roubam cada vez mais...".

__Ter__ a posse de um objeto fálico – o dinheiro –, talvez seja mais almejado do que __ser__ importante. Trata-se de um projeto identificatório idealizado, que não é restaurador da ruptura do contrato narcisista imposta antecipadamente pela sociedade ao segmento de classe que ele, como sua família e grupo social pertencem – assunto já tratado em meu texto A perversidade da exclusão social.

Em psicanálise, o fetiche está a serviço de um duplo movimento: o de reconhecer que a mulher (a mãe) não tem pênis e o de recusar a inexistência de pênis na mulher (a mãe). Isso significa que, aos olhos do fetichista, a posse de um fetiche o apazigua porque lhe garante que não vai perder o seu pênis, ainda que a mãe não o tenha, e que não vai perder o seu pênis, assim como a mãe não perdeu o dela.

Mutatis mutandis, *para o delinquente, a posse do fetiche funciona como um emblema identificatório valorizado tanto por ele quanto pelo grupo ao qual pertence e, inclusive, socialmente: __ter__ dinheiro, automóvel, joia, roupa (de marca), sapato ou tênis (de marca) etc.*

O ato delinquencial em si, parece ser para esses jovens o único meio de se sentirem potentes, sobretudo quando podem se apoderar de um desses fetiches como resultado de seu ato.

Em Fetichismo (1927a), *Freud alça tal patologia ao estatuto de protótipo das perversões – entre as neuroses e as psicoses.* Mutatis mutandis, *é assim que vejo o delinquente juvenil, mergulhado que está na alienação – o que não significa dizer que são todos fetichistas, mas alienados, sem dúvida! Trata-se de uma alienação à ideologia dominante.*

Motoca parecia-me o protótipo do "malandro". Tinha 16 anos quando o conheci na unidade de "infratores" da rodovia Raposo Tavares. Era um tipo castanho-claro e falante. Vaidoso, gostava de vestir-se bem, de andar limpo e perfumado. Quando estava frio, trajava uma jaqueta de couro à moda de James Dean; nos dias ensolarados, exibia sua tatuagem[4] no braço e usava óculos escuros, deixando entrever seu olhar atento e atravessado sobre os óculos.

Motoca procedia do interior de São Paulo, onde morava com sua família – pais e irmãos. Seu pai era alfaiate, aposentado da polícia. Segundo o jovem, seu pai era alcoólatra, era muito bravo e batia nos filhos quando eram menores. Sua mãe era dona de casa. Contou-me que, um dia, tivera quatro irmãos: o mais velho era traficante, andava com um grupo de ladrões, estelionatários, e foi assassinado pela polícia; outro irmão estava na prisão e os dois menores estavam em casa. Disse-me que mantinha bom relacionamento com a família, apesar de se sentir rejeitado. Mas, segundo ele, por se sentir envergonhado de estar internado na Fundação Casa, não ia visitar os pais e irmãos pequenos, mesmo sentindo saudades

---

4 A tatuagem era a marca que os "infratores" imprimiam em seus corpos – marca da prisão, que eles buscavam apagar quando saíam da instituição. Se soubessem naquele tempo que iria entrar na moda...

deles, dizendo-me: "Tenho vontade de visitar minha família, mas chegar lá com o carro da Fundação Casa, eu não vou...".

De acordo com o parecer psicológico, Motoca era portador de "angústia primordial básica, insegurança e fraca estabilidade; horizonte limitado pela baixa capacidade de discernimento". Segundo o laudo psiquiátrico, o jovem apresentava "traços psicopatológicos: estabelece precário contato em vocabulário e mímica pobres; fala em gíria, demonstrando certa estruturação na vida infracional; é imaturo e influenciável, tendo sua capacidade de julgamento e autocrítica deficitária". Do ponto de vista pedagógico, foi avaliado como apresentando: "bom comportamento, bom potencial intelectual, boa motivação para a aprendizagem, bom relacionamento com todos". A equipe técnica sugeriu seu encaminhamento para a unidade da rodovia Raposo Tavares, em São Paulo.

Após quatro meses, depois de passar o Natal com a família, não retornou, e foi acusado de em "fuga". Foi reinternado "por evasão e furto". Motoca negou ter furtado uma bicicleta. No entanto, após duas fugas seguidas de reinternação, foi transferido "como castigo" para a unidade de Mogi Mirim, por sete dias. Voltou a ser internado em São Paulo, mas depois de dois meses, saiu a passeio e não voltou. Após duas semanas, foi internado novamente "por furto de veículo – estava sem dinheiro e embriagado".

Foi naquela época que nos conhecemos. Vivo e falante, Motoca demonstrava grande disponibilidade para o contato comigo. Dotado de notável fluência verbal e correção de linguagem, explicava-me o significado das gírias, quando as usava. Criticou a Fundação Casa, ou seja, os agentes institucionais e suas práticas, considerando injusto o castigo de ter sido transferido para Mogi Mirim – onde, "lá, apanham de borracha por qualquer coisa..., quando o cara não quer ir apanhar, levam ele atrás da casa e batem com o que aparece na frente – pau, enxada etc...".

Sedutor, queria aparecer para mim como sendo "malandro" e, portanto, inteligente, ao dizer-me: "Sou inteligente..., faço as coisas, mas não aparece..., eu não marco..., uso a cabeça...". Considerava os outros menores internados na unidade ao lado – para "abandonados" e "assistidos" –, como sendo "bobos na malandragem".

Relatou-me que ele e outros meninos preferiam roubar dinheiro; mas, às vezes, roubavam joias para vender ou roupa para uso próprio ou para vender. Disse-me que ele, pessoalmente, preferia roubar perfume para uso próprio. Contou que quando faziam uma "goma", guardavam uma parte do dinheiro e com a outra compravam fumo, leite condensado, chocolate, leite em pó, bolacha e outras guloseimas.

Diante de tal infantilidade, não posso deixar de registrar que, mesmo não sendo, talvez, o caso de Motoca, muitos desses jovens, aparentemente valentões, sofrem de enurese noturna.

Em conversa comigo, diante da questão que lhe coloquei a respeito das condições de vida de sua família, uma vez que havia me falado que queria sair da Fundação Casa e voltar para sua casa, Motoca me questiona: "Por que a senhora perguntou se eu não sou pobre? Por que eu falo direito? Eu falo direito, mas sou pobre... e gosto de me vestir bem...".

Depois de alguns dias, ele foi desinternado pelo pai.

Apesar de praticamente inexistir registro de dados pessoais e sobre a primeira infância desses sujeitos em seus respectivos prontuários, todos parecem ter levado uma vida familiar marcada não só pela carência financeira, mas também, e sobretudo, pela instabilidade afetivo-emocional.

A internação dos filhos, quer seja motivada por razões financeiras, quer pela crença de que o internato "educa", sempre será interpretada como rejeição pela criança e pelo jovem.

O envolvimento de um dos pais, ou dos dois, ou de irmãos com álcool, droga, roubo, prostituição e outras contravenções é a manifestação de uma organização psíquica polimorfa, a qual, segundo Piera Aulagnier, situa-se entre a potencialidade neurótica e a psicótica, manifestando-se pelas: perversões, drogadições, relações passionais ou alienantes e estados-limites.

Contudo, entre os jovens é notável verificar que, para eles, é inadmissível que alguém esteja ali internado devido a crimes sexuais, como é o caso do estupro e da pedofilia.

Piera Aulagnier (1923-1990), psicanalista freudiana contemporânea, prestou grandes contribuições à obra legada por Sigmund Freud (1856-1939), a partir de sua experiência clínica, durante mais de trinta anos, com pacientes psicóticos nos hospitais psiquiátricos de Paris e em seu consultório particular – o que a conduziu à convicção de que a miséria é psicotizante.

Segundo Aulagnier (1967), os pais de seus pacientes psicóticos não eram necessariamente psicóticos, mas o pai e/ou a mãe tinham um poder psicotizante, como foi o caso do pai de Schreber. No que tange às perversões, Aulagnier constata a presença de certo grau de cumplicidade por parte da mãe e de complacência do pai na relação com o filho perverso. Esclareço que a autora aborda as perversões apenas no que tange à sexualidade. No entanto, ela reconhece que "toda perversão implica uma transgressão da lei [...]" – lei sexual, social e ética –, sendo um escudo contra a psicose (pp. 11-41, tradução minha).

Nos casos aqui apresentados, a perversão (não restrita à sexualidade) caracteriza tanto as relações familiares quanto as institucionais – vivenciadas pelos referidos adolescentes.

Dentro desse contexto, podemos entender o porquê do recurso à alienação por parte desses jovens.

O jovem miserável, faminto de reconhecimento social, sente vergonha de si, o que leva alguns a defender-se maniacamente, recorrendo a atos de rebeldia e valentia, que lhe dão a ilusão de poder, na pretensa superação de sua impotência diante de uma sociedade que previamente já rompera o "contrato narcisista" estabelecido com o grupo social ao qual este jovem e sua família pertencem (Aulagnier, 1975/1979).

De acordo com a psicanalista Radmila Zygouris (1995), a vergonha não se cura por meio de "boas palavras", se algo do pulsional não puder ser satisfeito – seja por meio da vingança, do ato de crueldade, seja por meio da sublimação. A vergonha não é passível nem de ser reparada nem de ser esquecida, se a vingança pela qual ela clama não puder se realizar. Apesar de ser um trauma pessoal, a vergonha é sempre social e implica impotência de reação à violência sofrida. A agressividade em sua vertente mais destrutiva é a pulsão solicitada nas experiências de vergonha – agressividade não necessariamente dirigida ao outro, mas também a si mesmo.

Tanto quanto a vergonha, a alienação também é sempre social, pois pressupõe a existência do desejo de alienar-se e do desejo alienante do outro. Ambas pertencem ao registro narcísico, sendo uma patologia da identificação.

De acordo com Aulagnier (1979/1985), a alienação é um dos destinos do prazer – à medida que satisfaz ao mesmo tempo as pretensões de Eros e as de Thánatos, tornando possível uma intrincação pulsional, que oferece um momento de trégua ao conflito identificatório no interior do Eu e entre o Eu e seus ideais – conflito prototípico da potencialidade polimorfa, que se encontra entre a neurótica e a psicótica.

Em última instância, a alienação é: [...] um destino do Eu e da atividade de pensar, que visa a um estado a-conflitual, através da abolição de todas as causas de conflito entre o identificante e o identificado e, também, entre o Eu e seus ideais, o que implica visar à abolição de qualquer conflito entre o Eu, seus desejos e os desejos do Eu dos outros por ele investidos [...] O estado de alienação representa o extremo limite que pode alcançar o Eu na realização deste desejo [o de abolir toda situação de conflito e, portanto, toda causa de sofrimento], sendo o caráter limite determinado pelo fato de que mais um passo nesta direção implicaria a morte efetiva do pensamento e, portanto, do próprio Eu (Aulagnier, 1979/1985, p. 34).

Para a autora:

> Alienar o próprio pensamento à ideologia identificatória proposta e defendida por um outro [...] implica, em primeiro lugar, o desinvestimento do próprio projeto e dos próprios ideais identificatórios, o que conduz inevitavelmente ao desinvestimento do tempo futuro, em proveito de uma idealização maciça de um projeto supostamente já realizado pelo outro.

O desejo de alienar, assim como o de se autoalienar têm como objetivo: "[...] a exclusão de qualquer causa de dúvida, de conflito e de sofrimento. Para preservar esta exclusão, o Eu se vê obrigado a condenar à morte as partes de sua própria atividade de pensar, que lhe permite distinguir-se do que seria apenas uma atividade de repetição, de memorização e de retomada em eco de um 'já pensado' de maneira definitiva por um outro" (1979/1985, pp. 13-14).

Segundo Aulagnier (1979/1985), o recurso à alienação, enquanto busca de um estado a-conflitual, pode se dar quando os acontecimentos da história do sujeito esgotaram sua tolerância ao conflito e/ou quando "a realidade ambiente que ele encontra o confronta efetivamente a injunções absurdas e paradoxais, a demandas cuja desmedida torna impossível qualquer resposta que não seja marcada pelo compromisso que efetua a atividade de pensar" (p. 18). Atividade de pensar que, tanto quanto a de investir, são as duas funções do Eu – que, na alienação, ficam submetidas ao poder alienante do outro.

A meu ver, a delinquência juvenil é uma manifestação de alienação, podendo ser a única resposta que o jovem miserável encontra para rebelar-se contra a ruptura do contrato narcisista impingida, de antemão, pela sociedade a sua família e ao grupo social ao qual pertencem.

Há trinta anos, escrevia o saudoso psicanalista brasileiro Hélio Pellegrino: "A criminalidade dos miseráveis [...] exprime uma forma perversa de protesto social, que não conduz a nada e, sem dúvida, piora tudo" (1984).

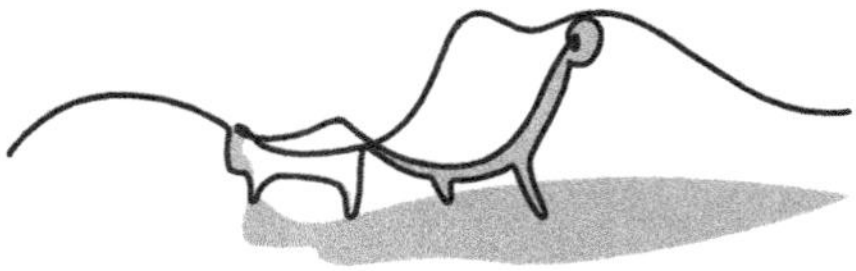

Epílogo

Psicanálise e neurociências

Em *Por que a psicanálise?* (2000), a historiadora Elisabeth Roudinesco critica o discurso das neurociências, da genética e do cognitivismo, assim como a psicofarmacologia – numa ingênua defesa da psicanálise.

Ora, faz parte da história da psicanálise o fato de que, para sobreviver enquanto um saber de inestimável valor, ela tem lutado contra ventos e marés, desde sua criação, enfrentando de tempos em tempos, ora mais, ora menos, uma acirrada resistência.

Por que digo "resistência" e não oposição?

Porque, como Freud (1925c) já constatava, no primeiro quarto do século XX, as resistências à psicanálise surgiram de fontes emocionais, antes que intelectuais, o que, a seu ver, "[...] explicava tanto seu caráter apaixonado quanto sua escassez de lógica" (p. 274).

Mas, em seguida, o gênio Freud conclui, em *A questão da análise leiga* (1926a), que: "Em si toda ciência é unilateral. Tem de ser assim, visto que ela se restringe a assuntos, pontos de vista e métodos específicos. É uma insensatez [...] lançar uma ciência contra a outra" (p. 262).

E isso Freud afirmou mesmo tendo formação médica. Como não a possuo, evito cair nessa "insensatez", levada por fatores "emocionais" e não intelectuais.

No presente ensaio, busco ouvir aqueles que têm formação médica, dentre os quais uns são praticantes da psicanálise, mas outros, não; dentre os primeiros, uns veem continuidade entre o saber médico e a psicanálise, e outros, não.

Seja como for, não encaro como uma "ameaça" à psicanálise um saber que lhe é alheio, ou seja, que vem de fora do campo do saber psicanalítico, o que o torna simplesmente inócuo. E, por isso mesmo, não busco nas neurociências uma "base científica" postiça para a psicanálise. No entanto, mantenho-me aberta para aquilatar o que, no progresso das neurociências, pode vir a ser promissor para a psicanálise, de modo que possa ser por ela incorporado, desde que seja de um modo pertinente e consistente.

Em *As depressões: a psicanálise em questão?* (2002), Luís Carlos Menezes, psicanalista de formação médica, recorre ao neurocientista norte-americano Gerald Edelman, autor de *Biologie de la conscience* (1992), defendendo que "suas concepções levam em conta dimensões da vida psíquica que interessam à psicanálise e que não costumam ser suficientemente consideradas em outros modelos neurobiológicos. Isto torna possível um diálogo científico consistente entre os dois campos [...]" (p. 74). Esta é a aposta de Menezes.

Ele entende que Edelman se propõe "a construir uma teoria do funcionamento cerebral que dê conta da consciência" e que, para ele (Edelman), "estabelecer as bases biológicas da consciência *como fenômeno geral não é impossível – e é a isto que ele se propõe –, o que é impossível é uma 'descrição objetiva ou causal' de uma experiência singular de consciência*" (Menezes, 2002, pp. 74-75, em itálico no original).

A partir daí e seguindo na análise do livro de Edelman, Menezes conclui que "é exatamente onde começa o 'impossível' para a neurobiologia como ciência positiva que se encontram as fronteiras do campo específico da psicanálise" (2002, p. 75).

A esse respeito, Márcio Peter de Souza Leite, também psicanalista de formação médica, em *Psiquiatria, sujeito e psicanálise* (2002, pp. 101-126), posiciona-se de modo diferente, considerando que "a experiência psicanalítica desautoriza qualquer paralelo entre neurociências e psicanálise" (p. 123).

Ao contrário de Menezes, Souza Leite considera que a teoria de Edelman é incapaz de estabelecer ponte entre neurociências e psicanálise, pois se trata de modelos inconciliáveis, havendo uma descontinuidade entre as descobertas da psicanálise e as da neurobiologia.

Ainda, Souza Leite entende que, entre outros autores, o neurologista português António Damásio sustenta a tese segundo a qual "a conduta humana pode ser explicada totalmente em termos biológicos" (p. 102). Em outras palavras, para Damásio, a conduta humana seria "determinada unicamente pela atividade neuronal" (p. 104).

Em relação à descontinuidade entre psicanálise e neurobiologia, alguns exemplos que veremos a seguir revelam que Souza Leite parece ser mais realista do que o otimista Menezes. Note-se que duas retas paralelas não se encontram.

De qualquer modo, não deixa de ser interessante relevar que o neurocientista Edelman (1992) considera que a noção freudiana de inconsciente é indispensável para a compreensão científica da vida mental do ser humano. E mais, para ele, a hostilidade dos cientistas em relação à teoria freudiana decorre da resistência ao seu próprio inconsciente antes que da discussão científica.

Também pronunciam-se favoráveis às descobertas de Freud o neurobiologista francês Alain Prochiantz e o neurocientista argentino naturalizado brasileiro Iván Izquierdo.

Prochiantz (1997) postula inexistir contradição entre a ciência do cérebro, a genética e a psicanálise, afirmando que:

"Se os genes definem nossa pertença à espécie e nossa pertença física, eles não são os únicos a determinar nossa personalidade de seres pensantes. O cérebro não é um computador cuja codificação seja ditada pelo aparelho genético" (p. 14).

Iván Izquierdo (2004, pp. 16-21), um dos mais renomados especialistas mundiais em fisiologia da memória, afirma que uma das formas de "perder memórias" é a "repressão freudiana, da qual ninguém falou durante 70 ou 80 anos, fora os freudianos". Além de achar "interessante", como ele diz, essa descoberta de Freud, Izquierdo reconhece que é "geralmente de forma inconsciente" que se dá a falsificação da memória.

Em *A arte de esquecer* (2004), Izquierdo constata que "muitas memórias desaparecem" – algumas, para sempre, enquanto que outras "só nos ficam fragmentos dos quais, à custa de muito esforço e com a ajuda de especialistas, podemos às vezes extrair algum sentido. A prática da psicanálise se baseia em boa parte nisso" (p. 16). Reconhece que:

> O efeito de William James, Freud e seus seguidores sobre o estudo da mente humana [...] foi imenso [...] Os termos e os conceitos de Freud fazem parte da civilização ocidental; o "ego", o "inconsciente" e a repressão de memórias enriquecem nosso acervo de conhecimentos e nossos referenciais para o dia a dia (p. 39).

Antes de comentar mais detidamente a obra do neurologista português António Damásio, anteriormente citado por Souza Leite, recorro aos livros de dois psicanalistas de formação médica que, no meu entender, ao pretenderem realizar a aposta de Menezes, acabam por deformar o legado freudiano.

No livro *O que é a neuropsicanálise: a real e difícil articulação entre a neurociência e psicanálise* (2004), Solms e Kaplan-Solms afirmam que o objetivo dos autores é encontrar "um método por meio do qual possamos reaproximar a psicanálise da neurociência" (p. 23, grifo meu). Em outras palavras, um método que possibilite reunir a psicanálise e a neurociência de uma forma compatível com os pressupostos básicos de Freud.

Solms e Kaplan-Solms creem que o "método neuropsicológico de análise de síndrome" possibilite que "mapeemos a organização neurológica de tudo o que sabemos em psicanálise sobre as estruturas e funções da mente". Consideram que tal método é o "ponto natural de contato entre a psicanálise e a neurociência" (2004, p. 28).

Ainda, o autor parece entender que a psicanálise necessita de uma fundamentação "científica", a ser-lhe dada pela neurociência, como fornecendo-lhe uma "descrição verdadeiramente compreensiva da organização neurológica do sonhar". Sem cerimônia, esse psicanalista/neurologista inglês substitui por um "estado de ativação neurofisiológica", gerador de um "processo de excitação" que estimula o sonhar (2004, pp. 35-36), a concepção freudiana acerca do sonho como realização de desejo, o qual tem a ver com a sexualidade infantil recalcada no inconsciente do sonhador.

Em *Um diálogo entre a psicanálise e a neurociência* (2003), o psicanalista também de formação médica, Victor Manoel Andrade, propõe "um diálogo entre os dois ramos do conhecimento [...] tentando expor os aspectos principais da psicanálise que podem ser beneficiados pelos conhecimentos da neurociência" (pp. 11-15).

Andrade concebe como "psicanálise maior" a "derivada da psicologia do ego", entendendo que esta, segundo previsão de Freud (1916-1917), "um dia superaria a da libido reprimida", e buscando mostrar "evidências neurocientíficas de fenômenos estudados pela psicanálise" (2003, pp. 11-15).

Na concepção médica deste autor – que de psicanalítica não tem nada:

> [...] o núcleo do inconsciente é um estado de excitação somática. A única coisa que pode ser chamada com propriedade de psíquica é a subjetividade produzida pelo trabalho silencioso do cérebro, quando este se manifesta de uma forma a configurar um estado de *consciência* [...] O inconsciente tal como Freud o descreveu coincide com o conjunto de eventos neuroendócrinos estudados pela neurociência (Andrade, 2003, pp. 154-155, em itálico no original).

Por fim, chegamos ao neurologista português António Damásio, que, além de reportar-se várias vezes a Gerald Edelman, presta-lhe agradecimentos por sua dedicada atenção ao estudo da consciência – objeto de estudo comum a ambos os neurologistas. Mas, diversamente da visão que Edelman tem acerca da psicanálise, Damásio faz uma única menção a Freud, revelando seu desconhecimento do que vem a ser psicanálise. Supõe ele que Freud teria descortinado "gradativamente o potencial patológico dos transtornos emocionais", tendo publicado "escritos sobre diferentes aspectos da emoção", mas que depois, "desviou-se para outras áreas" (2004b, pp. 59-60).

Em *O erro de Descartes – emoção, razão e o cérebro humano* (2004a), especificamente no capítulo 10, intitulado "O cérebro de um corpo com mente", Damásio afirma que "o corpo proporciona uma referência fundamental para a mente" (p. 254).

Abro um breve parêntese para registrar que Piera Aulagnier (1975/1979), psicanalista freudiana de formação médica, postula ser o corpo parte integrante do funcionamento psíquico.

Estariam ambos os médicos falando a mesma coisa? Note-se que Damásio fala em "mente" e não em "cérebro". Esclarece que "O termo *mente*, como o emprego neste livro, abrange operações conscientes e inconscientes. Refere-se a um *processo*, e não a uma coisa" (2004b, p. 426, em itálico no original).

Damásio fala em "base neural do eu", concebendo o "eu" como um "estado biológico constantemente reconstituído". Afirma que existe:

> [...] um eu para cada organismo, exceto naquelas situações em que a doença mental criou mais de um [...] ou diminuiu ou eliminou o eu normal [...] Mas, o eu que confere subjetividade a nossa experiência não é um inspetor central de tudo o que acontece nas nossas mentes (2004a, pp. 257-258).

Notáveis são os numerosos empréstimos de conceitos psicanalíticos e/ou psicológicos que Damásio faz, sem defini-los, como é o caso de: mente, eu, subjetividade, ainda que coloque esta última como propriedade do eu, não o igualando a mente e, nesta, descentrando-o. O autor ainda introduz o conceito psicanalítico de representação – cujo significado difere do da psicologia –, concebendo-a como "imagem mental" ou "padrão neural" (2004b, p. 404). Afirma que as representações que "nosso cérebro cria [...] dependem de interações mútuas cérebro-corpo. O cérebro cria representações do corpo à medida que este vai mudando sob influências de tipo químico e neural. Algumas dessas representações permanecem não conscientes, enquanto outras se tornam conscientes" (2004a, p. 259).

Poderíamos compreender o que Damásio postula, do ponto de vista neurológico, como tendo afinidade com a psicanálise?

No meu entender, não, a menos que se definam os conceitos acima assinalados, como: eu, mente, subjetividade, representação consciente e representação não consciente, ou melhor, que "permanece não consciente".

Já em 1930, reportando-se à prática médica nos Estados Unidos, Freud (1930a, pp. 290-291) constatava que a familiaridade de psiquiatras e neurologistas com a psicanálise "é muito insuficiente [...] de modo que só conhecem seus termos e algumas palavras de engodo [...] E esses mesmos homens misturam a psicanálise a outros sistemas de pensamento [...] atualmente incompatíveis" com ela, revelando "falta de critério".

Voltando a Damásio, ele afirma que a compreensão da "base neural do eu [...] poderá ajudar a esclarecer o processo da subjetividade, a característica-chave da consciência" (2004a, p. 267). Assim, ele adverte:

> A atenção dispensada ao eu não significa que esteja falando de autoconsciência, uma vez que considero o eu e a subjetividade por ele gerada como necessários à consciência em geral e não apenas à autoconsciência. Tampouco o interesse no eu significa que outros aspectos da consciência sejam menos importantes ou menos suscetíveis de estudo pela neurobiologia.

Reitera: "ao usar a noção de eu, não estou de modo algum sugerindo que *todo* o conteúdo de nossas mentes seja inspecionado por um único proprietário central, e muito menos que semelhante entidade se possa situar num único local no cérebro" (2004a, p. 269, em itálico no original).

O autor diz conceber que:

> [...] a base neural para o eu [...] consiste na reativação contínua de pelo menos dois conjuntos de representações:
> 1. Um deles diz respeito às representações de acontecimentos-chave na autobiografia de um indivíduo, com base nas quais é possível reconstituir repetidamente uma noção de identidade por ativação parcial em mapas sensoriais dotados de organização topográfica [...] A reativação constante de imagens

> atualizadas sobre a nossa identidade [...] constitui uma parte considerável do estado do eu tal como o concebo.
> 2. O segundo conjunto de representações subjacentes ao eu neural consiste nas representações primordiais do corpo de um indivíduo [...] Abrange necessariamente os sentimentos de fundo do corpo e os sentimentos emocionais. A representação coletiva do corpo constitui a base para um "conceito" de eu [...] Os sinais iniciais do corpo, tanto na evolução da espécie como no desenvolvimento individual, ajudaram a formar um "conceito básico" do eu (2004a, pp. 270-271).

Os grifos na citação anterior justificam-se pelo fato de eu querer chamar a atenção do leitor para o conceito psicológico de "identidade", que aqui é empregado mas não definido, sendo concebido por Erik Erikson como "sentimento de si".

Mas Damásio parece ter preferido começar pelo "conhecimento de si", no já citado *O mistério da consciência – do corpo e das emoções ao conhecimento de si* (2004b), para depois abordar o "sentimento de si", em *O sentimento de si: o corpo, a emoção e a neurobiologia da consciência* (2005).

"Sair à luz" abre a parte introdutória de *O mistério da consciência – do corpo e das emoções ao conhecimento de si.* Acerca do conceito psicológico de "self", em nota de rodapé, o autor esclarece que, "na literatura neurobiológica, o 'conceito do eu' de Gerald Edelman corresponde aos níveis superiores de meu *self* autobiográfico" (2004b, p. 438).

Mas, o que seria "sair à luz"?

Damásio escreve:

> Tenho a intuição de que sair à luz é também uma eloquente metáfora para a consciência, para o nascimento da mente conhecedora, para a simples mas decisiva chegada do sentido do *self* ao mundo mental. Como saímos à luz da consciência é justamente o tema deste livro [...] Meu objetivo específico é

> examinar as circunstâncias biológicas que permitem essa transição crítica (2004b, pp. 17-18).

Em complemento:

> Este livro representa uma tentativa de lidar com o obstáculo da consciência enfocando diretamente o problema do *self* [...] Este livro expõe minha ideia do que é a consciência, em termos mentais, e de como ela pode ser construída no cérebro humano [...] Espero simplesmente que as ideias aqui apresentadas contribuam para que por fim se elucide o problema do *self* de uma perspectiva biológica (2004b, p. 28).

Ora, não posso me furtar à tentação de estabelecer uma associação entre o "sair à luz da consciência" e o famoso postulado freudiano: "onde era o id, aí será o ego". Na obra de Freud, o termo "*Das Ich*" é um conceito usado no sentido de ego – uma das instâncias psíquicas – ou de eu (ou *self*, dependendo da tradução), o que inclui o corpo do sujeito.

Ainda, quem "sai", sai de algum lugar. Daí que "sair à luz" pressupõe um estado anterior sem luz. Ou então, "transição crítica" pressupõe um estado acrítico anterior. De qualquer modo, no meu entender, o conceito freudiano de inconsciente enquanto qualidade psíquica se impõe, seja ele entendido neurologicamente, como sem luz ou sem crítica ou sem consciência. Que este neurologista investigue as "circunstâncias biológicas", que permitem tal "transição", não invalida o conceito freudiano de psíquico, que é, em grande parte, inconsciente – e que só se torna consciente, do ponto de vista psicanalítico, se à representação-coisa (inconsciente) se ligar uma representação-palavra (consciente).

Mas, vejamos, em que pontos a investigação de Damásio acerca das "circunstâncias biológicas" propiciadoras da consciência respaldam as "circunstâncias psíquicas" postuladas por Freud.

Ainda na referida introdução intitulada "sair à luz", o autor afirma: "Nenhum aspecto da mente humana é fácil de investigar [...]" (2004b, p. 18). Note-se que, mais uma vez, ele está falando de "mente humana" e não de cérebro. Nesse sentido, vamos ver se ele chega ou não à conclusão freudiana, segundo a qual, a maior parte da "mente" ou "psique" é inconsciente, sendo por isso que o "ego" não é dono de si e nem o centro da "mente".

Então, segundo Damásio, quais são "os alicerces biológicos da mente"? E mais: eles se esgotam em si mesmos, uma vez que, como diz o autor, "a consciência é unanimemente considerada o problema supremo" (2004b, p. 18)?

Damásio fala a respeito de "crise de ausência" como uma "inconsciência involuntária" – para ele, uma das manifestações da epilepsia. Apesar de não existir "inconsciente voluntário", no meu entender, ele parece estar se referindo à consciência e inconsciência no sentido neurológico, pois este é o seu campo de conhecimento; em relação ao caso por ele relatado, só por meio da observação, jamais daria para ele ter certeza se se tratava de uma "crise de ausência" neurologicamente determinada ou de uma "crise histérica" psiquicamente determinada.

Conforme se expressa Damásio, tem-se a impressão de que, por ser a consciência considerada, no campo da neurobiologia, o "problema supremo" no estudo da "mente humana", consciência e inconsciência parecem ser excludentes, apesar de ambos os estados constituírem a mente, segundo o autor.

Ora, é extremamente mais complexo admitir, como ocorre no campo da psicanálise, a coexistência mais ou menos conflituosa do consciente e do inconsciente na psique, irredutível que é ao neurológico.

Apesar da apologia que faz à consciência e, inclusive, se reportando à "consciência moral" – que Freud também chama de superego –, Damásio (2004b, p. 22) revela: "Embora eu não veja a consciência como o ápice da evolução biológica, penso que é um momento decisivo na longa história da vida". O autor parece entender o inconsciente como uma "mente privada do sentido do *self*" – sentido este que é "uma parte indispensável da mente consciente".

Damásio relata que foi levado ao estudo da consciência em decorrência de um impasse, que, por sua vez, resultava de seu trabalho sobre as emoções. E então, paradoxalmente, ele atribui às "paixões da alma" a causa de seu interesse pelo estudo da consciência, remetendo o leitor ao referido capítulo 10, "O cérebro de um corpo com mente", de seu livro *O erro de Descartes – emoção, razão e o cérebro humano* (2004a).

Ora, parece que Damásio quer explicar as circunstâncias biológicas por meio das quais "saímos à luz da consciência", desconectando-as das "paixões da alma" – talvez, estas sejam o verdadeiro "problema supremo" no estudo da "mente humana"!

Em *O inconsciente* (1915a), Freud postula que "restringir os fatos mentais aos que são conscientes e entremeá-los de fatos puramente físicos e neurais, 'rompe as continuidades psíquicas' e introduz lacunas ininteligíveis na cadeia de fenômenos observados" (p. 186).

Conforme já citado, vimos que, em um de seus derradeiros trabalhos de 1938, publicado em 1940, *Esboço de psicanálise*, Freud afirma:

> Conhecemos duas espécies de coisas sobre o que chamamos nossa psique (ou vida mental): em primeiro lugar, seu órgão corporal e cena de ação, o cérebro (ou sistema nervoso) e, em segundo, nossos atos de consciência, que são dados imediatos e não podem ser mais explicados por nenhum tipo de

> descrição. Tudo o que jaz entre eles nos é desconhecido, e os dados não incluem nenhuma relação direta entre estes dois pontos terminais de nosso conhecimento. Se existisse, no máximo permitir-nos-ia uma localização exata dos processos da consciência e não nos forneceria auxílio no sentido de compreendê-los (p. 169).

Pouco antes da publicação desse trabalho, em 1940, foi publicado também postumamente, em 1939, *Moisés e o monoteísmo*, onde Freud afirma considerar o sistema perceptual cortical, tanto na anatomia como na metapsicologia, sendo o único ponto de contato entre o aparelho psíquico e o cérebro.

Para finalizar, reiterando a ideia de que duas retas paralelas não se encontram, apesar de ter afirmado que não é possível estabelecer uma afinidade entre a psicanálise e o que Damásio postula do ponto de vista neurológico, a menos que se definam os conceitos que ele toma emprestado da psicanálise, assim como da psicologia, pode-se depreender que os estudos neurológicos por ele empreendidos não se reafirmam, tampouco contradizem a tese freudiana acerca da existência de um aparelho mental ou psíquico. Note-se que o autor concebe a "mente" como diferente de cérebro, sendo que esta abrange "operações conscientes" e "operações não conscientes", que se realizam em "circuitos neurais", produzindo respectivamente, "representações conscientes" e "representações inconscientes". Ele localiza as "representações conscientes" no que denomina "eu" ou "*self*" ou "consciência moral", enquanto Freud as localiza no ego – o qual, em grande parte, é inconsciente, sendo igualmente inconsciente o id, assim como grande parte do superego ou "consciência moral".

Apesar de Damásio falar de uma relação dinâmica entre essas representações e de "razão", "emoção", "conhecimento de si" e "sentimento de si", como constitutivos da "identidade" do sujeito, ele não aborda a coexistência mais ou menos conflituosa entre esses processos mentais e, nem mesmo, o recalque – como recurso defensivo à disposição do eu, apesar desse eu não ser "inspetor central" ou "proprietário central" da mente. Tudo se passa como se o eu pensado por Damásio não tivesse, graças ao recalque, a capacidade de falsear o conhecimento de si, assim como de falsear a memória – conforme atesta Izquierdo.

E mais, opondo-se aos positivistas de seu próprio campo de estudo, Damásio crê poder estudar "cientificamente" o fundamento biológico da consciência, "apesar de sua natureza privada" – o que se opõe ao modo de Menezes entender os estudos procedidos por Edelman, conforme inicialmente referido. Enquanto que, para Menezes, é neste limite dos estudos neurobiológicos que residiria a possibilidade de diálogo com a psicanálise, como vimos, para Souza Leite, isto não é crível – e, talvez, nem para Freud.

Se é verdade, como diz Freud, que "É uma insensatez [...] lançar uma ciência contra a outra", igualmente, é uma insensatez misturar uma ciência com a outra.

Referências bibliográficas

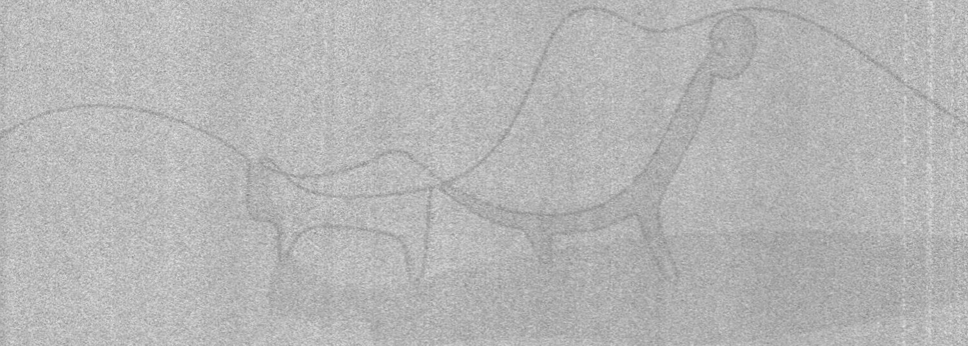

Abraham, K. (1924). Breve estudo do desenvolvimento da libido, visto à luz das perturbações mentais. In *Teoria psicanalítica da libido* (1970), pp. 81-160.

______. (1970). *Teoria psicanalítica da libido*. Rio de Janeiro: Imago.

Althusser, L. (2000). *Freud e Lacan. Marx e Freud*. Rio de Janeiro: Graal.

Andrade, V. M. (2003). *Um diálogo entre a psicanálise e a neurociência*. São Paulo: Casa do Psicólogo.

André, S. (1995). *A impostura perversa*. Rio de Janeiro: Zahar.

Aulagnier, P. (1961). Remarques à propôs de la structure maníaco-dépressive. *Recherches sur les maladies mentales*, pp. 9-115.

______. (1967). La perversion comme structure. *L'inconscient* (2), pp. 11-41.

______. (1970). Aspects théoriques des perversions. *Sexualité Humaine*. Paris: Aubier-Montaigne, coll. "RES", pp. 215-229.

______. (1975/1979). *A violência da interpretação – do pictograma ao enunciado*. Rio de Janeiro: Imago.

______. (1979/1985). *Os destinos do prazer*. Rio de Janeiro: Imago.

______. (2004/1989). *O aprendiz de historiador e o mestre-feiticeiro – do discurso identificante ao discurso delirante*. São Paulo: Escuta.

______. (1986/1990). *Um intérprete em busca de sentido – I e II*. São Paulo: Escuta.

______. (2010). Nascimento de um corpo, origem de uma história (1986). In M. L. V. Violante, (Org.). *Desejo e identificação*. São Paulo: Annablume.

______. (1989). Que desejo, por que filho?. In *Psicanálise e Universidade* (Mônica Seincman, trad.) (21), set./2004, p. 12.

Beauvoir, S. (1968). *Memórias de uma moça bem comportada*. São Paulo: Difusão Europeia do Livro.

______. (1984). *A força da idade*. Rio de Janeiro: Nova Fronteira.

______. (1995). *A força das coisas*. Rio de Janeiro: Nova Fronteira.

Calligaris, C. (2009, 18 mar.). Coisa de homens. In *Folha de S. Paulo*, Ilustrada, p. E13.

______. (2009, 3 jun.). In revista *Veja*, p. 21.

Cesarotto, O., & Souza L., M. P. (1993). *Jacques Lacan – uma biografia intelectual*. São Paulo: Iluminuras.

Chemama, R. (Org.) (1995). *Dicionário de Psicanálise*. Porto Alegre: Artes Médicas.

Classificação de Transtornos Mentais e de Comportamento da CID-10 – descrições clínicas e diretrizes diagnósticas (1993). Porto Alegre: Artes Médicas.

Clément, C. (1983). *Vidas e lendas de Jacques Lacan*. São Paulo: Moraes.

Damásio, A. R. (2004a). *O erro de Descartes – emoção, razão e o cérebro humano*. São Paulo: Companhia das Letras.

______. (2004b). *O mistério da consciência – do corpo e das emoções ao conhecimento de si*. São Paulo: Companhia das Letras.

______. (2005). *O sentimento de si: o corpo, a emoção e a neurobiologia da consciência*. Portugal: Publicações Europa-América.

David-Ménard, M., Taillandier, G., Florence, J., Kristeva, J., Michaud, G., Oury, J., Schotte, J., Stein, C., & Mannonni, O. (1994). *As identificações – na clínica e na teoria psicanalítica*. Rio de Janeiro: Relume Dumará, pp. 69-82.

Dolto, F. (1996). *Sexualidade feminina*. São Paulo: Martins Fontes.

Dumas, D. (1990). *La sexualité masculine*. Paris: Albin Michel.

Edelman, G. (1992). *Biologie de la conscience*. Paris: Odile Jacob.

Falzeder, E. (Ed.) (2002). *The complete correspondence of Sigmund Freud and Karl Abraham – 1907-1925*. Londres: Karnac.

Falzeder, E., & Brabant, E. (2000). *The correspondence of Sigmund Freud and Sándor Ferenczi, 3, 1920-1933*. England: Harvard University Press.

Fédida, P. (1999). *Depressão*. São Paulo: Escuta.

______. (2002). *Os benefícios da depressão*. São Paulo: Escuta.

Ferreira, A. B. de H. (1986). *Novo dicionário da língua portuguesa*. Rio de Janeiro: Nova Fronteira.

Freud, S. (1950). Extratos dos documentos dirigidos a Fliess. *Edição Standard Brasileira das Obras Psicológicas Completas de Sigmund Freud – I*. (Trabalho original publicado em 1899)

______. (1950). Projeto para uma psicologia científica. *ESB I*. (Trabalho original publicado em 1895).

______. (1892). Esboços para a "comunicação preliminar". *ESB I*.

______. (1893). Primeiras publicações psicanalíticas. *ESB III*.

______. (1894). Prefácio e notas de rodapé à tradução de Leçons du Mardi, de Charcot. *ESB I* (p. 196).

______. (1895a). Estudos sobre a histeria. *ESB II*.

______. (1895b). Sobre os critérios para destacar da neurastenia uma síndrome particular intitulada "neurose de angústia". *ESB III*.

______. (1896a). Novos comentários sobre as neuropsicoses de defesa. *ESB III*.

______. (1896b). A etiologia da histeria. *ESB III*.

______. (1897). Carta 69. *ESB I* (p. 350).

______. (1898). A sexualidade na etiologia das neuroses. *ESB III*.

______. (1899). Lembranças encobridoras. *ESB III*.

______. (1900). A interpretação dos sonhos. *ESB IV e V*.

______. (1901). A psicopatologia da vida cotidiana. *ESB VI*.

______. (1905a). Fragmento da análise de um caso de histeria. *ESB VII*.

______. (1905b). Os chistes e sua relação com o inconsciente. *ESB VIII*.

______. (1905c). Três ensaios sobre a teoria da sexualidade. *ESB VII*.

______. (1906a). A psicanálise e a determinação dos fatos nos processos jurídicos. *ESB IX*.

______. (1906b). Meus pontos de vista sobre o papel desempenhado pela sexualidade na etiologia das neuroses. *ESB VII*.

______. (1908a). Moral sexual "civilizada" e doença nervosa moderna. *ESB IX*.

______. (1908b). Sobre as teorias sexuais das crianças. *ESB IX*.

______. (1909). Análise de uma fobia em um menino de cinco anos. *ESB X*.

______. (1910a). As perspectivas futuras da terapêutica psicanalítica. *ESB XI*.

______. (1910b). Leonardo da Vinci e uma lembrança da sua infância. *ESB XI*.

______. (1910c). Psicanálise "silvestre". *ESB XI*.

______. (1910d). Um tipo especial de escolha de objeto feita pelos homens (Contribuições à psicologia do amor I). *ESB XI*.

______. (1911). Notas psicanalíticas sobre um relato autobiográfico de um caso de paranoia (*Dementia paranoides*). *ESB XII*.

______. (1912). Sobre a tendência universal à depreciação na esfera do amor (Contribuições à psicologia do amor II). *ESB XI*.

______. (1913 [1912-13]). Totem e tabu. *ESB XIII*.

______. (1914). A história do movimento psicanalítico. *ESB XVI*.

______. (1914/1983). Sobre o narcisismo: uma introdução. *ESB XIV*.

______. *Les premiers psychanalystes – minutes de la Societé Psychanalytique de Vienne*, tome IV, 1912-1918. Paris: Gallimard.

______. (1915a). O inconsciente. *ESB XIV*.

______. (1915b). Os instintos e suas vicissitudes. *ESB XIV*.

______. (1915c). Observações sobre o amor transferencial. *ESB XIV*.

______. (1915d). Repressão. *ESB XIV*.

______. (1916 [1915]). Conferências introdutórias sobre psicanálise. *ESB XV e XVI*.

______. (1917a). As transformações do instinto exemplificadas no erotismo anal. *ESB XVII*.

______. (1917c). Luto e melancolia. *ESB XIV*.

______. (1918a). História de uma neurose infantil. *ESB XVII*.

______. (1918b). O tabu da virgindade (Contribuições à psicologia do amor III). *ESB XI*.

______. (1919a). Introdução à psicanálise e às neuroses de guerra. *ESB XVII*.

______. (1919b). "Uma criança é espancada": uma contribuição ao estudo da origem das perversões sexuais. *ESB XVII*.

______. (1920a). Além do princípio de prazer. *ESB XVIII*.

______. (1920b). A psicogênese de um caso de homossexualismo numa mulher. *ESB XVIII*.

______. (1921). Psicologia de grupo e a análise do ego. *ESB XVIII*.

______. (1923a). A organização genital infantil: uma interpolação na teoria da sexualidade. *ESB XIX*.

______. (1923b). Dois verbetes de enciclopédia. *ESB XVIII*.

______. (1923c). O ego e o id. *ESB XIX*.

______. (1923d). Uma neurose demoníaca do século XVII. *ESB XIX*.

______. (1924a). A dissolução do complexo de Édipo. *ESB XIX*.

______. (1924b). A perda da realidade na neurose e na psicose. *ESB XIX*.

______. (1924c). Neurose e psicose. *ESB XIX*.

______. (1924d). O problema econômico do masoquismo. *ESB XIX*.

______. (1924e). Uma breve descrição da psicanálise. *ESB XIX* (pp. 254-255).

______. (1925a). Algumas consequências psíquicas da distinção anatômica entre os sexos. *ESB XIX*.

______. (1925b). A negativa. *ESB XIX*.

______. (1925c). As resistências à psicanálise. *ESB XIX*.

______. (1925d). Um estudo autobiográfico. *ESB XX*.

______. (1926a). A questão da análise leiga. *ESB XX*.

______. (1926b). Inibições, sintomas e ansiedade. *ESB XX*.

______. (1926c). Psicanálise. *ESB XX*.

______. (1927a). Fetichismo. *ESB XXI*.

______. (1927b). O futuro de uma ilusão. *ESB XXI*.

______. (1927c). O humor. *ESB XXI*.

______. (1928). Dostoiévski e o parricídio. *ESB XXI*.

______. (1930a). Introdução ao número especial de psicopatologia de The Medical Review of Reviews. *ESB XXI*.

______. (1930b). O mal-estar na civilização. *ESB XXI*.

______. (1931). Sexualidade feminina. *ESB XXI*.

______. (1933a). Novas conferências introdutórias sobre psicanálise. *ESB XXII*.

______. (1933b). Sándor Ferenczi. *ESB XXII*.

______. (1937). Análise terminável e interminável. *ESB XXIII*.

______. (1939). Moisés e o monoteísmo – três ensaios. *ESB XXIII*.

______. (1940). Esboço de psicanálise. *ESB XXIII*.

______. (1950). Rascunho A dos Extratos dos documentos dirigidos a Fliess (1892-1899). *Edição Standard Brasileira das Obras Psicológicas Completas de Sigmund Freud* (vol. I, pp. 245-247). Rio de Janeiro: Imago.

Freud, S., & Breuer, J. (1940-41). Esboços para a "comunicação preliminar" de 1893. *ESB* I. (Trabalho original publicado em 1892)

Garcia-Roza, L. A. (1995). *Introdução à metapsicologia freudiana*. Rio de Janeiro: Zahar.

Green, André. (2004, dez.). O silêncio do psicanalista. In *Psychê*, Ano VIII (14).

Hanns, L. A. (1996). *Dicionário comentado do alemão de Freud*. Rio de Janeiro: Imago.

______. (1999). *A teoria pulsional na clínica de Freud*. Rio de Janeiro: Imago.

______. (Coord.) (2004). *Ensaios sobre a psicologia do inconsciente* (Vol. I, p. 112). Rio de Janeiro: Imago.

Hornstein, L. (1983). *Introdução à psicanálise*. São Paulo: Escuta.

______. (2006). *Las depresiones*. Buenos Aires: Paidós.

Izquierdo, I. (2004). *A arte de esquecer – cérebro, memória e esquecimento*. Rio de Janeiro: Vieira & Lent.

Jones, E. (1989). *A vida e a obra de Sigmund Freud* (Vols. 1, 2 e 3). Rio de Janeiro: Imago.

Kaplan, H. I. *et al*. (1997). *Compêndio de Psiquiatria*. Porto Alegre: Artes Médicas.

Kaufmann, P. (Ed.) (1995). *Dicionário enciclopédico de psicanálise – o legado de Freud a Lacan*. Rio de Janeiro: Zahar.

Khel, M. R. (2009). *O tempo e o cão*. São Paulo: Boitempo.

Klein, M. (1981). *Contribuições à psicanálise*. São Paulo: Mestre Jou.

Lacan, J. (1995a). *Escritos*. Rio de Janeiro: Zahar.

______. (1986). *O Seminário, Livro 1. Os escritos técnicos de Freud*. Rio de Janeiro: Zahar (Trabalho original publicado em 1954).

______. (1988). *O Seminário, Livro 3. As psicoses*. Rio de Janeiro: Zahar (Trabalho original publicado em 1956).

______. (1995b). *O Seminário, Livro 4. A relação de objeto*. Rio de Janeiro: Zahar (Trabalho original publicado em 1957).

______. (1995c). *O Seminário, Livro 7. A ética da psicanálise*. Rio de Janeiro: Zahar (Trabalho original publicado em 1960).

______. (1963/1998). Kant com Sade. *Escritos*. Rio de Janeiro: Zahar.

______. (1999). *O Seminário, Livro 5. As formações do inconsciente*. Rio de Janeiro: Zahar (Trabalho original publicado em 1958).

Lambotte, M.-C. (1997). *O discurso melancólico*. Rio de Janeiro: Companhia de Freud.

Laplanche, J. (1987). *A angústia – Problemáticas I*. São Paulo: Martins Fontes.

Laplanche, J., & Pontalis, J. B. (1985). *Vocabulário da psicanálise*. São Paulo: Martins Fontes.

Le Guen, C. (1974/1976). *El Edipo originario*. Buenos Aires: Amorrortu.

Lever, M. (1991). *Donatien Alphonse François, marquis de Sade*. Paris: Fayard.

McDougall, J. (1989). *Em defesa de uma certa anormalidade*. Porto Alegre: Artes Médicas.

______. (1997). *As múltiplas faces de Eros*. São Paulo: Martins Fontes.

Masson, J. M. (1986). *A correspondência completa de Sigmund Freud para Wilhellm Fliess – 1887-1904*. Rio de Janeiro: Imago.

Menezes, L. C. (2002). As depressões: a psicanálise em questão?. In M. L. V. Violante, (Org.), *O (im)possível diálogo psicanálise psiquiatria*. São Paulo: Via Lettera/ Fapesp.

______. (2005). Considerações sobre a noção de trauma na perspectiva freudiana. In M. O. França, (Org.), *Trauma psíquico*. SBPSP.

Mijolla, A. (Org.) (2005). *Dicionário internacional da psicanálise*. Rio de Janeiro: Imago.

Nasio, J. D. (1991). *A histeria*. Rio de Janeiro: Zahar.

Numberg, H., & Federn, E. (Eds.) (1976). *Les premiers psychanalystes – Minutes de la Societé psychanalytique de Vienne* – 1906-1908; 1912-1918. Paris: Gallimard.

Paskauskas, R. A. (1993). *The complete correspondence of Sigmund Freud and Ernest Jones – 1908-1939*. Londres: Harvard.

Pellegrino, H. (1984, 7 out.). Psicanálise da criminalidade brasileira: ricos e pobres. *Folhetim*. Texto mimeografado.

Pereira, M. E. C. (1997). *Contribuição à psicopatologia dos ataques de pânico*. São Paulo: Lemos Editorial.

______. (1999). *Pânico e desamparo*. São Paulo: Escuta.

Prochiantz, A. (1997, 20-23 mar.). *Le nouvel observateur*.

Rabinovich, D. S. (1990). *El concepto de objeto en la teoria psicoanalítica*. Buenos Aires: Manantial.

Radó, S. (1928). The problem of melancholia. *International Journal of Psychoanalysis*. 9, pp. 420-438.

Reich, W. (1974). *Psicologia de massa do fascismo*. Porto: Publicações Escorpião.

Roudinesco, E (2000). *Por que a psicanálise?* Rio de Janeiro: Zahar.

______. (2008). *A parte obscura de nós mesmos*. Rio de Janeiro: Zahar.

Roudinesco, E., & Plon, M. (1998). *Dicionário de psicanálise*. Rio de Janeiro: Zahar.

Sade, M. de. (2006). *Os 120 dias de Sodoma*. São Paulo: Iluminuras.

Solms, M., & Kaplan-Solms, K. (2004). *O que é a neuropsicanálise: a real e difícil articulação entre a neurociência e a psicanálise*. São Paulo: Terceira Margem.

Souza L., Márcio P. (2002). Psiquiatria, sujeito e psicanálise. In M. L. V. Violante. *O (im)possível diálogo psicanálise psiquiatria*. São Paulo: Via Lettera/Fapesp.

Souza L., M. P., & Cesarotto, O. (1993). *Jacques Lacan – uma biografia intelectual*. São Paulo: Iluminuras.

Talbott, J. *et al*. (1992). *Tratado de psiquiatria*. Porto Alegre: Artes Médicas.

Telles, S. (2006). *Visita às casas de Freud e outras viagens*. São Paulo: Casa do Psicólogo.

Viñar, M. (2002). *Psicoanalizar hoy – problemas de articulación teórico clínica*. Montevideo: Trilce.

Violante, M. L. V. (1982). *O dilema do decente malandro*. São Paulo: Cortez & Autores Associados.

______. (1995). *A criança mal-amada – estudo sobre a potencialidade melancólica.* Petrópolis: Vozes.

______. (1997). A perversidade da exclusão social. In D. L. Levisky (Org.). *Adolescência e violência – consequências da realidade brasileira.* Porto Alegre: Artes Médicas.

______. (2001). *Piera Aulagnier: uma contribuição contemporânea à obra de Freud.* São Paulo: Via Lettera/ Fapesp.

______. (Org.) (2002). *O (im)possível diálogo psicanálise e psiquiatria.* São Paulo: Via Lettera/Fapesp.

______. (2004). *Ensaios freudianos em torno da psicossexualidade.* São Paulo: Via Lettera.

______. (2005, mar./set.). Algumas notas sobre a histeria e a homossexualidade femininas. In *TRIEB* – revista da SBPRJ, 4(1 e 2), pp. 191-203.

______. (Org.) (2010). *Desejo e identificação.* São Paulo: Annablume.

Zygouris, Radmila. (1995). *Ah! As belas lições!* São Paulo: Escuta.